Título en inglés:
GESTALT THERAPY
Therapy of the Situation

Este libro es traducción de
Gestalt Therapy:
Therapy of the Situation

Gestalt:
Terapia de la Situación

Registro de Propiedad Intelectual Nº 258.763
ISBN: 978-956-242-133-1

1ª reimpresión, 2016

Traducción: Larissa Boroday y Francisco Huneeus
Pintura de portada: *La caída de Ícaro*, de Pieter Brueghel el Viejo
Diseño de portada: Mario Albarracín
Revisión: Paulina Correa
Adaptación bibliográfica: Vicky Jorquera
Edición digital: Héctor Peña

Editorial Cuatro Vientos
Maturana 19, CP 8340608, Santiago de Chile
Teléfonos: (56-2) 2672 9226 – 2695 4477
editorial@cuatrovientos.cl
www.cuatrovientos.cl

GESTALT
Terapia de la Situación

Georges Wollants

Traducción
Larissa Boroday y Francisco Huneeus

EDITORIAL CUATRO VIENTOS
WWW.CUATROVIENTOS.CL

A Karine Soenen, mi esposa,
por las largas horas que, lamentablemente,
tuve que robarle a nuestra relación
para dedicar mis menguadas fuerzas
a la culminación de la obra de mi vida.

Contenidos

Prólogo a la versión en español

En su prefacio, Wollants se pregunta: ¿Qué tipo de Terapia Gestalt se hubiera desarrollado a partir de las primeras elaboraciones vacilantes de este método si la mayoría de los intentos de formular y reformular los conceptos fundamentales se hubieran basado en las consideraciones situacionales e interaccionales, y si desde el inicio hubieran sido incorporados en la práctica de la Terapia Gestalt los puntos de vista teóricos, los principios y las aplicaciones de la Escuela de Berlín?

Aparte de recurrir a la historia multifacética de la difusión de la Gestalt por el mundo —algo recientemente documentado en forma de libro[1]—, podría decirse que, al menos en el mundo anglófono, la historia comienza con la publicación de *Gestalt Therapy: Excitement and Growth in the Human Personality* (1951, Julian Press) en Nueva York (libro que designaremos como PHG). Frederick Perls, MD, PhD, psiquiatra psicoanalista alemán inmigrante en Sudáfrica; Ralph F. Hefferline, PhD, psicólogo, académico de la Universidad de Columbia, muy cercano a B.F. Skinner y los inicios del conductismo; y Paul Goodman, PhD, autor independiente, poeta, lector de Freud, con formación filosófica y muy interesado en el cambio y la crítica sociales. Perls, educado como psicoanalista por los profesores más distinguidos de Alemania y Austria, durante sus años de exilio en Sudáfrica había desarrollado nuevas ideas humanistas, psicológicas y psicosomáticas acerca de su proyecto. Mientras Perls llevaba años en el fértil laboratorio de su práctica privada, Hefferline y Goodman no tenían experiencia con las ideas de la propuesta central del libro.

Cabe mencionar que Perls había llegado a Nueva York desde su exilio en Sudáfrica con un manuscrito preparado bajo el brazo. Allá había leído un artículo de Goodman en una revista política de izquierda estadounidense, lo cual lo impulsó a buscarlo y reclutarlo como una suerte de escritor fantasma. Hefferline aportó con alumnos reclutados en la

[1] E. O'Leary (2013). *Gestalt Therapy around the World*. Chichester, Inglaterra: John Wiley & Sons, Ltd.

universidad como sujetos para experimentos de alerta sensorial. Perls era demasiado ambicioso como para no saber que sin una publicación maciza jamás llegaría a ser reconocido y aceptado en EE.UU. Habían transcurrido cinco años desde su llegada hasta la publicación de PHG. Fue el inicio de su alejamiento del grupo de adeptos que habían reunido con su esposa Lore.

El libro es una expresión perfecta de las diferencias no resueltas, y marca la separación de la Terapia Gestalt de la concepción original de su fundador, diferencias que se mantuvieron sin resolver entre los tres autores y otros del círculo de Perls. Por lo demás, y como era de prever, la convivencia del intelectualismo del Nuevo Mundo junto a sus ideas experimentales le iban a significar una relación áspera con mucha gente, descalificándolo en los años siguientes y él, a su vez, declarando "obsoleto" su propio libro *Gestalt Therapy*, debido a que en él se transmitía un enfoque acerca del pensar y la comunicación que ya había abandonado. Era obvio que la brillantez propia de su hablar sencillo, junto a la inmediatez de su método dramático, le traerían más detractores que amigos en el ambiente neoyorkino, lo que finalmente redundó en su largo peregrinaje al sur y al oeste de EE.UU.

En otras palabras, incluso antes de que la Terapia Gestalt se alejara de su primer entorno, ya estaba en conflicto consigo misma. Estos fueron los primeros veinte años de la Terapia Gestalt en EE.UU., desde donde comienza su lento peregrinaje a Europa gracias a algunos miembros del grupo original, especialmente Isadore From y Lore Perls, quienes siguieron difundiendo la versión que llegaría a ser conocida como la Gestalt del Este y el libro *Gestalt Therapy* como su texto fundante.

Finalmente, en 1967, Perls se establece en Esalen, de donde provendrán algunos filmes y libros que fueron traducidos y difundidos a buena parte del mundo hispanoparlante, iniciando una corriente más formal y ritualista, donde con muy poca teoría se mostraba otro estilo: la silla caliente, la oración de la Gestalt, trabajo de sueños, la silla vacía y eslóganes (las culpas son resentimientos); y al mismo tiempo, más desenvuelta, reflejando el temperamento de un Perls liberado en tiempos de cambio: el movimiento de potencial humano y el mundo nuevo que surgiría.

Esta es la Gestalt que conocimos primero y la que nos cautivó desde el primer momento. Era la Gestalt del Oeste, por provenir de California. En los países de habla hispana y Brasil, los comienzos ocurren en los años 70, época muy convulsionada por los efectos sociopolíticos represivos de la Guerra Fría en Sudamérica. En esos primeros años, la difusión y aplicación de la Terapia Gestalt fueron muy poco visibles y ocurrían principalmente en grupos de estudio y formación autogestionados en torno a psicoterapeutas que habían viajado o que se basaban en literatura escasa y difícil de conseguir[2]. La publicación, en 1974, de *Gestalt Therapy Verbatim*, de Perls, como *Sueños y Existencia* fue para sus lectores un alivio de la represión y desolación que vivíamos en esa época en casi todos los países de Latinoamérica y España, que aún no se sacudía de Franco. Cabe señalar que *Sueños y existencia*, al igual que todos los demás libros de Real People Press que seguimos publicando, siempre tuvieron que ser sometidos a la censura de la dictadura militar. Desde esta perspectiva, no es de extrañar que la Gestalt que se comienza a difundir fuera acogida con entusiasmo y pasión. Era una idea aperturista, esperanzadora, libertaria, eficaz y aplicable. La publicación de PHG en español, 51 años después de su aparición en inglés, sin duda ha llegado a ser un importante aporte a aspectos teóricos que estaban en falta. Al menos en Latinoamérica (incluyendo México), donde ya hay una buena experiencia clínica y pedagógica a pesar de las pocas oportunidades de formación académica, afortunadamente la Gestalt todavía no se convierte en una ortodoxia, lo que le da espacio para profundizar e innovar hacia otros campos del quehacer psicoterapéutico.

Esto nos muestra cuán compleja y fascinante ha sido la propagación de una buena idea para gente relacionada con la asistencia a personas, así como para uno mismo como filosofía de vida. Sin embargo, también

[2] F. Perls, R. Hefferline y P. Goodman (2002). *Terapia Gestalt: Excitación y crecimiento de la personalidad humana.* Madrid: Los Libros del CTP. El libro se hizo en dos partes. La primera consiste en el enunciado de ejercicios de toma de conciencia inventados por Perls, realizados por los alumnos de Hefferline cuyas experiencias fueron recopiladas y editadas por el mismo Hefferline. En sus primeras ediciones, el libro llevaba al inicio lo escrito por Perls/Hefferline, y luego la sección de Perls/Goodman. Posteriormente, tal vez en una campaña por alterar y elevar la Terapia Gestalt, el libro se reeditó en el orden inverso. Así es como nos llegó en su traducción al mundo hispanoparlante.

nos muestra que los viajes de los Perls y sus migraciones desde Berlín a Sudáfrica y EE.UU. fueron determinantes. No sólo las distancias sino que la barrera del idioma también han sido problemáticas, porque la mayoría de los autores publican en inglés, y si no lo hacen, son desconocidos en el resto del mundo.

Este libro, escrito en flamenco y afortunadamente traducido y publicado en inglés en 2007, nos viene bien, pues nos acerca a los maestros que fueron los teóricos gestalt en la tradición de la Escuela de Berlín. Esta obra esclarece matices de una teoría aún incompleta, y si bien sigue la misma tradición, su interpretación por Wollants es hermosa y rigurosa. Nos muestra claramente algunas falencias de quienes nos antecedieron, y de hecho presenta varias ideas que no han sido bien entendidas por los estadounidenses.

Creo sinceramente que todos vamos a enriquecernos, sea cual sea nuestra predilección en cuanto a la interpretación del mensaje profundo de la Terapia Gestalt. A casi 65 años del "lanzamiento" de la Terapia Gestalt, por fortuna llega una obra que vendrá a completar importantes vacíos que nos han quedado a quienes vivimos en el mundo hispanoparlante.

Y confesamos que no nos ha sido una traducción fácil.

* * * *

Agradezco en forma especial al grupo de terapeutas que nos ayudó en la traducción con su amistad cooperadora y desinteresada, y con sus respuestas cuasi instantáneas sobre terminología y redacción, con lo cual pudimos finalmente llevar a buen término esta importante obra que, de paso, nos sirvió para cimentar y reafirmar una amistad entrañable y fecunda. Ellos fueron: Carmen Vázquez (Madrid), Fernando Bianchi (Buenos Aires), Sandra Isella (Madrid) y Eugenia Zalazar (Córdoba, Argentina).

Francisco Huneeus
28 de junio de 2015
Ñuñoa

Prefacio a la versión en inglés

Este bienvenido libro, *Gestalt: Terapia de la situación*, llega en un muy buen momento, por ser hoy una valiosa contribución a la literatura de la terapia gestalt. Hay que celebrar su aparición por muchas razones, de las cuales cuatro me vienen inmediatamente a la mente.

En primer lugar, Georges Wollants ha escrito, desde un punto de vista particular, un relato de la terapia gestalt contemporánea relativamente sofisticado y, al mismo tiempo, de fácil lectura. En mi opinión, el libro merece ser ampliamente conocido y leído. Profundiza la comprensión, educa a los terapeutas y cambia el modo de pensar de las personas. Por otra parte, logra un difícil equilibrio: el libro puede ser leído como una introducción accesible a la terapia gestalt o, alternativamente, como un tratado educativo que estimulará a los terapeutas gestalt calificados a repensar su teoría básica.

En segundo lugar, la orientación a la terapia gestalt que el autor considera central —en torno a la cual gira todo lo demás— es la perspectiva que distingue más claramente el enfoque gestalt de otras escuelas de terapia. Para asistir a la situación del cliente, es necesario asistir con una sensibilidad exquisita a su experiencia total: la persona y su mundo entran juntos a la sala de terapia. Mantener este punto de vista "situacional" desde el primer momento proporciona un medio para revelar toda la potencialidad del enfoque gestalt a la terapia. Sin embargo, no todos los terapeutas gestalt se percatan de esto o actúan de acuerdo a la enorme importancia de este principio. Además, la mayoría de los terapeutas de otras escuelas con una perspectiva intrapsíquica ni siquiera reconocen este principio por lo que es. La descripción de Wollants es concienzuda y clara. A partir de la "perspectiva de campo", él establece y elabora la idea de la situación de un modo similar a las exploraciones de otros terapeutas. Pero, desde mi punto de vista, al centrar toda su justificación de la terapia gestalt en el imperativo que es la situación, él ha ido más lejos y más profundamente que cualquier autor anterior.

En tercer lugar, si bien Wollants define las ideas en forma animada e integral, el libro jamás se aleja de la práctica. Existe un estrecho vínculo entre la perspectiva global del autor y su particular modo de ejercer su labor como terapeuta; hay ejemplos y aplicaciones, además de numerosas indicaciones de su larga experiencia. Uno no puede evitar leer este libro sin revisar y cuestionar su propia manera de ejercer la profesión de terapeuta, ya sea de orientación gestalt o de otro tipo.

En cuarto lugar, desde 1951 —fecha en que se publicó *Terapia gestalt: Excitación y crecimiento en la personalidad humana*, de Frederick Perls, Ralph Hefferline y Paul Goodman— se han escrito muy pocos libros sobre terapia gestalt que se centren con tanto cuidado, inteligencia y convicción en el argumento central de aquel libro seminal. Ya constituye un logro destacable el hecho de que Wollants se relacione —se podría decir que justificadamente— con aquel libro, ampliando y fundamentándolo. Me sugiere que Wollants ha escrito no sólo un buen libro sino que uno notable.

En este Prefacio de *Gestalt: Terapia de la situación,* quiero ampliar la explicación de por qué creo que es una nueva declaración de la teoría gestalt. Pero primero me remitiré a la propia "situación" del libro: (1) las características del entorno en que se ha escrito y (2) las cualidades específicas e intenciones del autor que se combinan para así (3) dar al libro su particular forma.

El primer problema se refiere al autor y su lenguaje. Wollants vive y trabaja en la parte de habla flamenca de Bélgica. Su comunidad lingüística es muy pequeña —especialmente si se compara con ese leviatán de las lenguas que es el inglés. El dialecto alemán hablado en Flandes tiene muy poco peso internacional, aunque se trate de un idioma con una distintiva tradición cultural. Los hablantes de grupos mayoritarios (en este caso, los angloparlantes) fácilmente pueden dar por hecho, de manera inconsciente, su posición privilegiada al tener mayores oportunidades para llegar con sus ideas al mundo. En efecto, el inglés es el idioma en que los terapeutas gestalt se comunican entre sí y publican la mayoría de sus escritos. Ya constituye una noticia el hecho de que este libro sea publicado y esté disponible, pues en ese idioma las minorías suelen ser ignoradas y silenciadas con eficacia por la falta de oportunidades o valentía para vencer los obstáculos. Su aparición significa que ahora los lectores de habla inglesa (e hispanoparlantes) de la comunidad gestalt pueden "descubrir" como se merece la particular visión de Wollants.

Si bien la difusión del idioma inglés como un idioma internacional permite que autores y profesionales hablen más ampliamente en el mundo en general, también se manifiesta en una tendencia opuesta. Como sabemos, un idioma poderoso puede ser al mismo tiempo un medio de hegemonía cultural para una forma de colonización a través de la imposición de normas y expectativas "naturales". Aquí no cabe considerar los efectos de la difusión sobre el planeta de los valores, cultura y tecnología estadounidenses; sin embargo, dentro del pequeño ámbito de la terapia gestalt, la pregunta acerca de la influencia estadounidense versus la influencia europea es una constante; y al establecer el contexto de este libro, el tema es inevitable. Es el segundo tema de fondo que quiero abordar.

En la historia de la terapia gestalt como un movimiento internacional, predominaron por largo tiempo los profesores y autores estadounidenses. La unilateralidad fue inevitable. La terapia gestalt nació en Estados Unidos; dio sus primeros pasos en la estimulante época de la posguerra en Nueva York, que era considerado el centro del mundo. Por supuesto, todos advirtieron que la nueva terapia tenía ancestros europeos —pero ¿acaso los padres y abuelos sobrevivientes no fueron a Estados Unidos para empezar una nueva vida? De hecho, todos los "familiares de la Gestalt" emigraron a ahí —empezando con Frederick y Lore Perls, seguidos por Wertheimer, Köhler, Goldstein, Lewis y muchos otros. Si bien la terapia gestalt, a través de Paul Goodman, se basó en las influencias estadounidenses —en particular de William James y John Dewey—, la mayoría de las influencias fundadoras e ideas principales estaban presentes y habían sido desarrolladas en Europa antes de la guerra, especialmente en Alemania; de hecho, vinieron con los inmigrantes.

A medida que la terapia gestalt siguió desarrollándose, experimentó una serie de desconcertantes transformaciones bien documentadas en otros lugares (por ejemplo, por Bowman, 2005). Aparecieron diferentes prioridades: Frederick Perls se convirtió en "Fritz Perls" y luego sólo en "Fritz", transición indicativa de cambios más amplios en su enfoque, que introduce una interpretación simplificada y popularizada de la terapia gestalt en vez de los enunciados teóricos establecidos (PHG), los cuales desconoce en mayor o menor medida.

Entró en vigor un estilo más extravagante y confrontacional que se extendió en Estados Unidos; también se exportó a Europa gracias a los viajes de los instructores gestálticos, quienes recibieron una entusiasta acogida en los grupos de los "nuevos conversos". Por aquel entonces, aquellos que en Estados Unidos permanecieron leales a la concepción de la terapia gestalt eran una minoría y se agruparon principalmente en torno a Lore (Laura) Perls, quien nunca estuvo de acuerdo con su marido en su "reposicionamiento" de la terapia gestalt. Esta división también se reprodujo en Europa —la forma específica de terapia gestalt que recibía un grupo dependía de la afiliación personal del instructor de visita.

Para muchísimos, la terapia gestalt llegó a Europa como si hubiera sido una creación estadounidense, así como otras importaciones culturales. Se pasó por alto el hecho de que algunas de sus principales raíces se encuentran en la filosofía existencial y fenomenológica y en los descubrimientos iniciales de la psicología gestalt.

Por supuesto, siempre ha habido cierto reconocimiento de los antecedentes netamente europeos de la terapia gestalt —tanto Frederick como Lore Perls crecen en los años de la República de Weimar huyendo del nazismo, además de sus conexiones con los psicólogos gestalt y los analistas famosos. Sin embargo, en cada lado del Atlántico, había poco o ningún sentido sobre la profunda continuidad con las ideas y sensibilidades europeas. Éstas fueron consideradas sólo de interés histórico marginal.

No obstante, hubo destacadas excepciones a la tendencia general; algunas personas jamás olvidaron las profundas raíces europeas de la terapia gestalt y experimentaron una viva y estimulante continuidad entre ambas eras y continentes. Aquí cabe mencionar especialmente a Lore Perls y Wollants, ex alumno suyo. Sin ser antiestadounidense, Wollants desea enfatizar que la terapia gestalt puede beneficiarse al establecer un vínculo más estrecho con sus raíces teóricas en Europa. Educado en la Universidad de Lovaina, influenciado por la escuela de Utrecht, sumergido por años en filosofía, teología, pedagogía y psicología, y luego formado en terapia gestalt por Lore Perls, Wollants está bien posicionado para argumentar por una mejor integración europea.

En una entrevista de 2005 (p. 101), Wollants habló de un "fructífero intercambio de ideas" entre los autores y profesores estadounidenses y europeos en la "renovación de la terapia gestalt". Considero este libro un hermoso ejemplo de la fertilización cruzada que él celebra. Por lo tanto, al estudiar ese tema, le hace plena justicia a la literatura gestalt escrita en inglés. Admira y se basa en varios autores estadounidenses, desde Goodman hasta Jacobs, Wheeler, Yontef y McConville. Al mismo tiempo, Wollants puede apoyarse en sus fundamentos filosóficos europeos y aportar desde sus antecedentes culturales. Honra a las figuras europeas que han influido en su trabajo, incluyendo a Buytendijk, Van den Berg, Metzger y Nuttin, junto con nombres más conocidos, como Wertheimer, Koffka, Köhler, Goldstein y Lewin. El libro contiene citas en alemán, francés y holandés (traducidas al inglés) y su biografía incluye escritos de autores estadounidenses, ingleses y otros europeos.

Imagino que frente a otros libros escritos en inglés, se podrá notar su sabor europeo. Su estilo recursivo, paciente argumentación y las referencias académicas indican cierto tipo de compromiso serio con un tema al parecer muy alejado de la modalidad anglo-estadounidense. En un mundo cada vez más frenético y de continuos cambios en el ritmo de vida, este libro requiere una lectura más pausada —no porque sea "difícil", sino porque vale la pena saborear sus puntos de vista, masticarlos bien y asimilar su nutrimento. No es un libro que dé rápidamente en el blanco y se lea en un tris, sino más bien una reflexión sostenida. Si usted ya es terapeuta, es probable que su acabada lectura transforme su estilo de trabajo.

Al escribir este Prefacio, he visto mi quehacer principal como una preparación del escenario que sigue. Evidentemente, usted necesita leer las propias palabras de Wollants para captar su mensaje esencial. Sin embargo, quizás yo pueda hacer algunas consideraciones preliminares —desde la perspectiva de un colega profesor de gestalt y autor cuyas prioridades teóricas coinciden con las del autor.

En la introducción del libro de PHG (Perls, Hefferline, Goodman), los autores escribieron la famosa frase sobre adquirir "la mentalidad gestaltista". Reconocieron que para la persona promedio, "criada en un ambiente lleno de fragmentaciones" y que ha "perdido su integridad", era difícil captar lo que ellos llamaron la "perspectiva unitaria". Para recuperar "el enfoque original, natural y sin distorsiones de la vida", el individuo "tiene que sanar la dualidad de su persona, pensamiento y lenguaje" (Perls y col., 1951/1994, p. xxiv). En cierta medida, uno podría argüir que el pensamiento holístico —o unitario— se ha deslizado dentro de ciertas actitudes ante la práctica, por ejemplo en la medicina psicosomática. Aun así, el pensamiento dualístico más arraigado, y el problema más grave para ser unitario en psicología, *se ejemplifican en la práctica de separar a la persona humana del mundo dentro del cual ella existe*. Incluso esta afirmación conlleva un rastro de dualismo al separar a la persona y al mundo, aunque sólo sea lingüísticamente. Al principio del Capítulo 1, Wollants lo expresa mejor: "la persona y el mundo son inseparables", constituyen "partes interdependientes de un todo dinámico". Sin embargo, a pesar de lo simple y sensible que pueda parecer esta afirmación, ¡con cuánta frecuencia es negada, pasada por alto o ignorada completamente!

En consecuencia, gran parte de la psicología aún está orientada en torno a la concepción de un sujeto único individual, considerado como una unidad neurobiológica con una conciencia separada, que posee características o propiedades psicológicas, que puede ser sometido a investigación en un laboratorio o en algún tipo de establecimiento —o en circunstancias "objetivas" que "no contaminen al sujeto". Se podría reconocer que la persona puede verse afectada marginalmente por el entorno o el contexto social en que existe, pero esto es básicamente un asunto secundario. Sin embargo, ¡este tipo de "psicología individual" aún subsiste!; representa la antítesis absoluta de la posición desde la cual la terapia se inicia en la Gestalt. Descontextualizar y objetivar a una persona equivale a tratarla como un algo inferior a un ser humano. Wollants detecta el peligro y su libro es un fuerte repudio a cualquier desarrollo en esa dirección: presenta algo diametralmente opuesto a la tendencia anterior con sus alarmantes connotaciones.

La terapia gestalt considera un axioma el hecho de que si hemos de honrar la realidad de los seres humanos, debemos reconocernos a nosotros mismos y a los demás como inseparables de los diversos contextos en que vivimos, trabajamos y nos relacionamos. Cada uno de nosotros vivencia un "mundo fenoménico" que es nuestra situación actual. Yo no puedo ser dividido como "este pedacito soy yo y este pedacito es mi ambiente"; mi persona y mi entorno psicológico forman una totalidad que se vivencia como mi situación inmediata. En palabras de Wollants, "no hay un entorno que esté separado de mí; 'persona' y 'ambiente o entorno' son sólo abstracciones fuera de la situación".

En el libro de PHG, el lenguaje era diferente; sugirieron considerar el *organismo* y su *entorno* como un *campo organísmico ambiental* indivisible, y no como dos entidades separadas. Wollants presenta un argumento convincente para utilizar el término "situación" en vez de "campo": dice que es más cercano al uso y experiencia cotidianos que la palabra "campo", que suena más científica (pero también más ambigua). No obstante, el mensaje "unitario" esencial es el mismo.

A partir del principio básico inicial —que el individuo y el ambiente interactúan constantemente para crear un campo situacional, que es vivenciado como una totalidad vivida—, debiera ser posible establecer los requisitos necesarios para un método de terapia coherente, respaldado por una teoría integral. El libro fundante logró esto, pero también presenta una cuota de confusión e inconsistencia, como si los propios autores no hubiesen estado muy seguros hasta qué punto podían ampliar su idea central. Por cierto, jamás se han reconocido plenamente, ni siquiera dentro de la comunidad de terapeutas gestalt, las consecuencias revolucionarias del cambio desde una perspectiva "intrapsíquica" a una perspectiva de "campo".

En este sentido, lo que más me entusiasma es que Wollants recoge el reto de completar la teoría. Aunque continúa en la misma dirección de PHG, él va más lejos. Representa los principios fundamentales de la terapia gestalt, pero su interpretación es única, una integración teórica creativa, evidentemente personal y profesional, basada en su larga experiencia como terapeuta, supervisor y formador.

Creo que Wollants entiende la naturaleza del cambio radical necesario para adoptar la perspectiva de campo propuesta por PHG. También parece entender, como quizás otros no lo hagan en la misma medida, que el proyecto insta a reevaluar cada aspecto de la terapia así como se lleva a cabo generalmente. El trabajo de ir más allá del "paradigma individualista" (Wheeler, 2000) necesita construir un argumento cuidadosamente ponderado, pero con las incursiones necesarias en las áreas relevantes —por ejemplo, el desarrollo humano, el aspecto crucial de la participación del cuerpo y, por supuesto, el contacto. Éstos, junto con otros, conforman los capítulos del libro; cada uno es un ensayo completo en sí mismo, cada uno ayuda a completar un gran mosaico.

A veces Wollants es crítico, incluso mordaz, respecto a las características de la terapia gestalt que él considera adquisiciones inadecuadas de la última época de Perls. En cierto sentido, también se refiere al trabajo de Paul Goodman (quien, por lo general, es reconocido como el principal teórico del trío PHG). A pesar de todo, en vista de lo anteriormente mencionado, uno tiene la sensación de que Wollants sabe que hay algo que necesita lograr con paciencia y persistencia: convencer a los terapeutas de considerar la situación del cliente como el foco, incluyendo las fuerzas del entorno que ayudan a configurar esa situación.

Si PHG a veces no tenían claridad respecto a adoptar la perspectiva gestalt unitaria, no es de sorprender que posteriores generaciones de terapeutas frecuentemente también se hayan confundido. Es como si, para muchos, todas las consecuencias de la teoría que han adoptado aún no hayan incidido en la comunidad de terapeutas gestalt. No es de extrañar: después de todo, los integrantes de esta comunidad no existen en total aislamiento; ellos mismos están situados, viviendo en una cultura circundante que encarnan, respiran, en la que contribuyen y de la cual no pueden divorciarse. Y este entorno tan dominante en la cultura y filosofía occidentales sigue sosteniendo la visión de que los seres humanos son independientes y libres y tienen libre albedrío.

Por cierto, el asumir como dado que *una persona siempre está en situación* y que para mejorar las cosas podría necesitar cambiar algo en el ambiente, en vez de modificar algo en el individuo, es una concepción fundamental que también conlleva responsabilidades políticas. Reconocer a la persona como un ser situado, como un ser humano del mundo, es difícil de comprender, incluso si la teoría gestalt nos llama a hacerlo.

Wollants merece nuestras felicitaciones por recoger casi en su totalidad el proyecto de PHG, y por compartir su integración.

Inevitablemente, un proyecto ambicioso como éste implica desplegar un enorme esfuerzo para escribir y poner en palabras conceptos difíciles —especialmente si se está escribiendo en un segundo idioma.

Buen trabajo. Gracias, Georges.

Malcolm Parlett
11 de diciembre de 2007

Referencias

Bowman, C.E. (2005). "The History and Development of Gestalt Therapy", en A.L. Woldt y S. Toman (eds.), *Gestalt Therapy: History, Theory and Practice*. Thousand Oaks: Sage Publications.

Wheeler, G. (2000). *Beyond Individualism: Toward a New Understanding of Self, Relationship and Experience*. NJ: Gestalt Institute Press, 2005. (2006. *Vergüenza y soledad: El legado del individualismo*. Santiago de Chile: Cuatro Vientos).

Wollants, G. (2005). "Therapy of the Situation" (entrevista de Malcolm Parlett), *British Gestalt Journal*, 14 (2), 91-102.

Agradecimientos

Este libro nunca hubiera visto la luz sin la ayuda de muchas personas que colaboraron conmigo en salvaguardar tanto su forma como su contenido. Me gustaría mencionar a cada uno de ellas, pero me temo que si tratara de hacerlo inevitablemente podría olvidar a alguien. Por eso haré un reconocimiento grupal. En primer lugar, quisiera agradecer a mis numerosos alumnos, quienes, a través de su participación en los cursos de capacitación que conduje desafiaron mi concepto y conceptualización de la teoría de la terapia Gestalt; ellos me obligaron a no estar satisfecho con una visión nueva sino que volver a repensar la teoría una y otra vez y cambiarla con el fin de acceder a un mayor nivel de integración o a una aplicación más empírica.

Y agradezco a las personas que estuvieron a mi lado la primera vez que manifesté mi intención de escribir este libro, principalmente a los participantes en las Conferencias de Escritores Europeos en Siracusa, Barcelona y Burdeos.

Pero, sobre todo, estoy agradecido de aquellos sin los cuales este libro simplemente no se hubiera escrito. Por ejemplo, pienso en Ivo Op de Beeck, el amigo más antiguo que tengo, y a los trabajadores de la Computer Academy 2000, quienes diseñaron el texto. También pienso en Jeffrey Lubin, psicólogo inglés, quien asumió la difícil tarea de la edición del libro. En este caso, editar significó transformar mi complicado inglés flamenco en un inglés fluido y elegante. Y agradezco a Jos Ducheine, director de Faculteit voor Mens en Samenleving, quien me brindó un valioso apoyo organizacional. Sería un descuido si en este momento no reconozco el respaldo financiero de Stichting ter bevordering van de gestalttherapie, que fue decisivo para este proyecto.

Agradezco a Malcolm Parlett, que fue para mí más que un colega escritor; quién llegó a ser un verdadero amigo justo cuando más lo necesitaba, cuando el doloroso proceso de escribir comenzaba a desgastarme. El creer que yo era capaz de ver la culminación de la obra de mi vida se transformó en convicción y me inspiró a hacer precisamente eso.

Mientras escribía este libro y pensaba en los conceptos que quería transmitir, mantuve correspondencia con Gerhard Stemberger, quien me animó enormemente en mi proyecto, así que me ayudó a establecer sus cimientos fundacionales.

Por último, quiero agradecer a Eva Fisher, Georges Lambrechts, Christine Ley, Riane Malfait, Martine, Van Obbergen y por último a Daan Van Praag por estar ahí conmigo, simplemente estar ahí, cuando los necesitaba.

Georges Wollants

CAPÍTULO 1

TERAPIA GESTALT: DESDE UNA PERSPECTIVA UNIPERSONAL A LA TERAPIA SITUACIONAL

Es la interacción entre el
individuo y su entorno,
en el sentido de un campo
dinámico que
determina la experiencia y la
conducta.

—Cit: www. gestalttheory.net

Capítulo 1

TERAPIA GESTALT: DESDE UNA PERSPECTIVA UNIPERSONAL A LA TERAPIA SITUACIONAL

Sin embargo, es importante tener en cuenta que
el mundo no es "tertium quid" más allá de las partes
que lo constituyen,
es la amalgama de las partes
que se reactivan desde ese vínculo.

—Smuts, 1926/1996, p. 118.

Más allá de lo individual: la situación

Una Gestalt no es una matriz de elementos autónomos, sino una conformación de fuerzas interactivas inmersas en un campo (Arnheim, 1983, p. 8). En la concepción gestalt, no hay tal cosa como un individuo o un entorno separados entre sí (ver Fig. 1). Inevitablemente, en todo momento, una persona es parte del campo. Su comportamiento y desarrollo son una representación del campo total, que incluye tanto a la persona como a su entorno. El ambiente y el organismo están en una relación de reciprocidad entre sí (Perls, 1973, p. 15, p. 17). Esta relación *no* debe entenderse como que primero está la persona y luego el mundo, y después hay una interacción entre esta persona y ese mundo (ver Fig. 1).

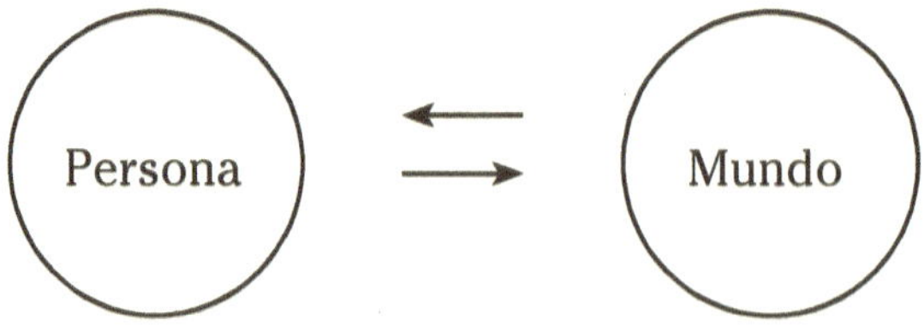

Figura 1: Interacción entre persona y mundo.

Al contrario, persona y mundo son partes inseparables e interdependientes de un todo dinámico (ver Fig. 2). Este todo dinámico puede representarse como una espiral doble en que ambos polos son claramente reconocibles y están en constante intercambio; es imposible señalar dónde comienza una espiral y termina la otra (Galli, 2000, p. 64). Como terapeutas gestalt, concentramos nuestros esfuerzos en la interacción dinámica del ser humano y su entorno fenomenológico, la interacción dinámica persona/mundo.

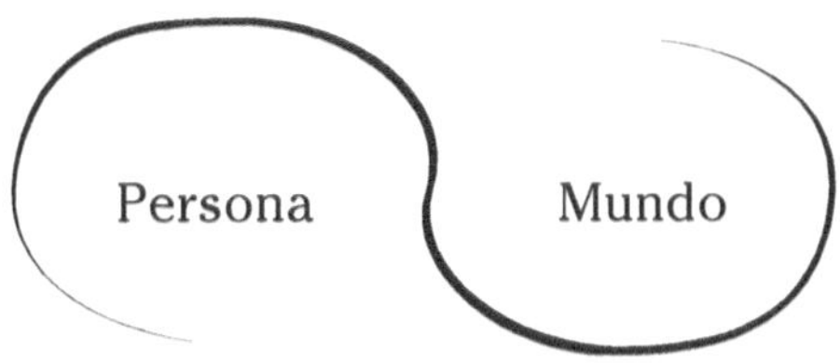

Figura 2: Interacción persona-mundo.

Este campo de interacción es la primera realidad. La terapia gestalt toma el mismo punto de inicio que la teoría gestalt, es decir, considera al organismo como parte de un conjunto más amplio.

"El mayor valor del enfoque gestalt quizás radica en comprender que el todo delimita las partes (...) Solamente la interacción entre el organismo y el entorno (...) constituyen la situación psicológica, no el organismo y el entorno separados" (PHG, pp. xxviii-xxix[1]). En el enfoque gestalt, el principal objeto de estudio e intervención es la interacción persona-entorno. Vale decir, el cliente final de nuestro trabajo psicoterapéutico es la interacción de la persona y su entorno fenoménico, lo cual a su vez implica que el terapeuta gestalt define los problemas personales en términos de la totalidad interactiva que considera a la persona y su mundo.

Robine y yo (2001) decidimos llamar "la situación" a este intercambio de interacciones relevantes del ser humano y su entorno durante un

[1] (Perls, Hefferline y Goodman, 1951/1994. De aquí en adelante, abreviado PHG, al igual que en el Prefacio).

determinado período de tiempo. La expresión "situación" es preferible al concepto "campo", ya que este último tiene muchos significados. La teoría de campo tiende a ser un término genérico para una serie de enfoques diferentes de la "realidad". Puede referirse a lo transfenoménico, a lo material, al campo físico o a un organismo físico y su entorno, o también puede designar el campo fenoménico, experiencial conductual, o el campo psicológico de la persona que observa y su mundo fenoménico. Stemberger (1998), respecto al uso de los conceptos de campo relacional del organismo y entorno de PHG, escribió una crítica haciendo referencia a la inadmisible mezcla y confusión de estos significados diferentes, a los cuales los autores también denominan situación psicológica (p. 3, p. xxix).

El concepto "situación" está menos contaminado que el concepto "campo". Es un concepto preciso y práctico y tiene mayor relación con la experiencia cotidiana de los clientes y los terapeutas. En la literatura existencial-fenomenológica, la situación es un principio fundamental y se refiere a la totalidad de los aspectos interrelacionados de una determinada persona y su mundo. Es también un concepto dinámico que, en la tradición de la teoría de campo, especialmente por Lewin (1935, 1952), se considera sinónimo del concepto de campo fenoménico, campo de experiencia de una persona y su entorno durante un determinado intervalo de tiempo. La situación está formada por una persona y su entorno y es la unidad de investigación psicológica en la psicología gestalt. Como sostiene Lewin, "En psicología abordamos unidades situacionales" (1952, p. 52).

A pesar de sus diferencias, y cabe señalar que algunas de éstas son considerables, todos los teóricos de campo están de acuerdo en este punto: consideran la situación como la unidad fundamental de análisis o investigación (Kebeck y Sader, 1984, p. 214). Los supuestos básicos de un enfoque de campo son la definición de interacción de la persona y su entorno fenoménico y la selección de la situación como la unidad de análisis (Kebeck, 1983, p. 250).

Los planteamientos fenomenológicos y existencialistas consideran las relaciones situacionales de la persona, su entorno y sus instituciones como el objeto de estudio psicológico. Lo concreto se define en términos de lo que la persona espontáneamente considera pertinente a su situación. La conducta siempre es una acción significativa en una situación real, concreta. Para investigar el comportamiento de alguien, incluyendo las llamadas conductas patológicas, no tenemos que buscar relaciones causales sino aquellas que revelan un significado. El comportamiento debería deducirse de la totalidad de los factores coexistentes que constituyen una unidad dinámica. La conducta no depende ni del pasado ni del futuro, sino de la dinámica actual del campo (Lewin, 1952, pp. 25-27).

Metzger (1975) y Lewin (1952) adoptaron la definición de campo de Einstein: *"eine Gesamtheit gleichzeitig bestehender Tatsachen, die als gegenseitig von einander abhängig begriffen werden, nennt man ein Field"* (el campo se define como una totalidad de factores coexistentes que se consideran interdependientes).

Más aún, Metzger, citando a Lewin: "La psicología debe considerar la situación que incluye a la persona y su entorno como campo" (Metzger, 1975, p. 220). Lewin define el campo como "la totalidad de los factores coexistentes que se consideran interdependientes" y añade que "La psicología debe considerar el espacio vital (*Lebenswelt*), incluyendo a la persona y su entorno, como un campo" (Lewin, 1952, p. 240).

1.2 La persona y el entorno constituyen una situación

El organismo, como parte de la situación, no es una mera entidad física sino una persona subjetiva, fenoménica, que tiene una conducta e inviste al mundo de significado. En el prólogo de su histórico libro *Fenomenología de la percepción*, Merleau-Ponty (1945, p. xi) sostiene: *"Il ne faut pas se demander si nous percevons vraiment un monde, il faut dire au contraire: le monde est ce que nous percevons"* (La pregunta no es si acaso nosotros percibimos el mundo; al contrario, el mundo es lo que percibimos). Koffka (1935) explica con una dramática historia que el ambiente, como parte de la situación fenomenológica, no es el entorno geográfico o físico, sino el entorno comportamental, el entorno que uno experimenta, vive y en el que cree:

> "Una fría tarde de invierno, en medio de una tormenta de nieve, llegó a una posada un hombre a caballo, satisfecho de tener un techo donde albergarse después de horas cabalgando en la llanura azotada por el viento en la que un manto de nieve había cubierto todas las rutas y señales camineras. El posadero, que salió a la puerta, miró al forastero con asombro y le preguntó de dónde venía. El hombre señaló hacia algún punto lejano, en línea recta desde la posada, tras lo cual el casero, con un tono de gran respeto y admiración, le respondió: '¿Sabes que acabas de cabalgar sobre el lago Constanza?'. Entonces el jinete cayó muerto a sus pies como una piedra" (Koffka, 1935, p. 28).

Koffka le pregunta al lector en qué entorno de la historia anterior ocurrió la conducta del forastero. Sí, es cierto que cabalgó sobre el lago, pero el hecho de que fuera un lago congelado y no tierra firme, no afectó su comportamiento en lo más mínimo. Su conducta habría sido exactamente la misma si hubiera cabalgado a través de una árida llanura. Dado que el hombre murió de puro miedo al haber escuchado lo que en realidad había hecho, se puede inferir que su cabalgata en realidad habría sido muy diferente de lo que efectivamente fue si hubiese estado consciente del entorno físico. Por lo tanto, debemos concluir que *efectivamente* no cabalgó sobre el lago, sino por una planicie común y corriente. Su conducta fue cabalgar sobre una planicie, no sobre un lago congelado. Asimismo, cabe preguntarse si acaso todos vivimos en la misma ciudad. Efectivamente es así cuando nos referimos a la ciudad geográfica; pero no cuando nos referimos a la ciudad donde nos comportamos o desenvolvemos. El entorno como parte de mi situación es el entorno de mi experiencia conductual fenoménica, por ejemplo. En otras palabras, mi entorno conductual es el entorno que junto conmigo constituye mi situación específica y particular (Koffka, 1935, p. 30 y ss.).

Para investigar las dinámicas, lo importante no es distraerse de la situación, sino focalizarse en la singularidad y el carácter concreto de una situación específica, en la cual se perciban claramente los factores de la estructura dinámica total (Lewin, 1935, p. 31). Para entender la dinámica de un proceso, debemos comprender la totalidad de la situación involucrada en conjunto con todos sus elementos y características (Lewin, 1935, p. 31; Goldstein, 1935). La dinámica de un proceso siempre puede obtenerse de las relaciones recíprocas de un sujeto determinado y un entorno definido, los que en conjunto constituyen una situación particular (Lewin, 1935, p. 41).

"Para entender a un hombre, debemos saber cómo éste se relaciona con el mundo y cómo funciona su relación consigo mismo" (Wertheimer, en Luchins, 1978, II, p. 145; también, Van den Berg, 1955). Durante mis estudios en la Universidad de Lovaina, me familiaricé con el punto de vista relacional del ser humano y la definición relacional del comportamiento personal, la motivación y la personalidad del ser humano. Las ideas expresadas por el profesor Joseph Nuttin se asemejan a los conceptos básicos de la terapia gestalt: la interacción de la persona y el mundo es la primera y única realidad a ser estudiada. "Persona" y "mundo" se definen como dos polos de una unidad relacional. *La estructura de personalidad esencial es la unidad dinámica persona-mundo, y no alguna organización interna del yo aislada del entorno* (Nuttin, 1953, pp. 434-436, 1965, pp. 222-234).

"La conciencia no se remite al mundo interno, sino a la percatación y al reconocimiento de la interacción persona-mundo, cómo el mundo nos afecta y cómo se manifiesta la relación en el momento, y qué se necesita que ocurra en esta situación" (Nuttin, 1955, p. 350). En otras palabras, el hombre se encuentra en el mundo en todo momento. Él, junto a su mundo, constituyen situaciones significativas. El hombre no es una estructura encerrada en sí misma, sino esencialmente una exposición a su mundo. Esta conceptualización apuntala el potencial de los seres humanos hacia el mundo y la posibilidad del comportamiento como una forma de tratar con el mundo.

Al igual que los teóricos de la Gestalt, Nuttin enfatiza que el mundo que percibimos no es el mundo físico. *Para los seres humanos, la presencia de un mundo significativo es un hecho psicológico conductual* (Nuttin, 1955, p. 350). Conciencia significa exactamente esta mutua exposición de la persona y el mundo o, dicho de otro modo, la presencia del mundo como se nos presenta a nuestros sentidos en la forma de un presente que no puede ser rechazado. Por lo tanto, la falta de conciencia significa estar cercado dentro del dominio de las reacciones físicas y bioquímicas (p. 351).

En una entrevista poco conocida con Walker (1971), Fritz Perls afirmó que, contrariamente a lo que mucha gente piensa, el foco de la terapia gestalt no está en la autoconciencia. Las intervenciones estaban dirigidas exclusivamente a mejorar la autoconciencia de lo que está en mí como un ser separado, no tienen nada que ver con lo que Fritz Perls denomina terapia gestalt, que se caracteriza por hacer resaltar la conciencia de los clientes en la totalidad de su situación: "Si sólo estás en contacto contigo mismo, te pierdes el mundo; si sólo estás en contacto con el mundo, te pierdes a ti mismo, de modo que no se puede establecer esa unidad ecológica" (p. 184). El foco de atención no está en el espacio interior de un *self*[2] aislado, sino en el proceso de contacto en que se configura la interacción persona-ambiente.

El hombre no sólo se encuentra en presencia del mundo, sino que también está presente para sí mismo. La presencia consigo mismo también puede llamarse conciencia reflexiva. Este es otro sentido en que el hombre puede escapar "encapsulándose" dentro de sí mismo. El ser capaz de autorreflexión evita que el hombre quede encerrado en sus reacciones con el entorno. A través de la reflexión, la persona "sale fuera" de sí misma. Esto le permite mirarse a sí misma y el mundo desde diferentes puntos de vista e intervenir durante el desarrollo de su relación hacia su mundo. Por lo tanto, es capaz de "reestructurar su relación con el entorno" (Nuttin, 1955, p. 352).

Esto es precisamente lo que sucede en psicoterapia. Wertheimer ve desde otro punto de vista la capacidad para reestructurar la situación, la habilidad para mirar una situación: como un ingrediente esencial para la creatividad (1945). La toma de conciencia y la conducta no se oponen una a la otra; más bien, ambas están unidas entre sí: ser conscientes del mundo ya es "tratar con el mundo a través de la conducta", y la respuesta

[2] Cuya traducción puede ser "yo", "yo mismo", "mí mismo", "sí mismo", "uno mismo" (N. de los T.).

conductual ya es conciencia o "presencia consciente en el mundo" (Nuttin, 1955, p. 353). En esta conceptualización, la idea fundamental no es la persona en sí, sino las redes de relaciones que la persona y el entorno construyen juntos e interactivamente como dos partes correlativas.

Por consiguiente, Nuttin no define la personalidad del ser humano como una organización interna de rasgos, actitudes y coherencias conductuales; la estructura de la personalidad va mucho más allá de su organización interna. *La personalidad es un modo de ser y comportarse en un mundo que existe para la persona que tiene esa personalidad.*

Nuttin denomina "unidad ego-mundo" a la estructura fundamental de la personalidad (1955, p. 353). La personalidad concebida de este modo nos brinda una sólida base para una teoría de la motivación. Muchos psicólogos ubican las necesidades *dentro* del organismo. Desde la perspectiva relacional, las necesidades se consideran patrones básicos de relación en una situación dada.

Las necesidades deben ser definidas desde un punto de vista *relacional.* Son básicamente las modalidades generales de las relaciones recíprocas de las personas y el mundo que se manifiestan por interacciones específicas exigidas por una situación dada. Estas modalidades se conocen como necesidades, porque si el organismo no logra establecer uno de estos modos de relación, se suscita un fracaso situacional. El organismo se esfuerza de diversas maneras por ciertos tipos de relaciones, porque su estructura funcional está compuesta de estos modos de interacción (Nuttin, 1964, pp. 64-65; 1955, p. 354).

Nuttin distingue dos aspectos de esta interacción. En primer lugar, está la orientación dinámica que guía el comportamiento hacia elementos específicos del entorno. Esta direccionalidad se correlaciona con la naturaleza de la exigencia de los elementos dados del entorno. Se puede decir que *el entorno presenta aquellas características que la persona requiere* (cf. concepto de Lewin sobre la relación recíproca entre necesidades y características de la exigencia).

En segundo lugar, el comportamiento dirigido no es liberado a ciegas al mundo. La persona es capaz de percibir, explorar, reconocer, seleccionar, imaginar y planificar. Nuttin denomina a la totalidad de estas acciones como la función cognitiva o el aspecto informativo y coordinado de la interacción de la persona y su entorno. A través de esta función, la motivación se dirige a su orientación predominante. La información no es sólo cuestión de conocimiento sino también de emoción y sentimientos, es decir, conocimiento afectivo sobre el mundo.

El enfoque teórico gestalt considera todos los acontecimientos físicos, problemas y soluciones sólo comprensibles como partes de la condición global de la persona (*Gesamt-situation*[3]). En lo que concierne al estudio y la terapia o al cambio, únicamente son relevantes las fuerzas en la situación actual (Lewin, 1935; Gross, 2000, p. 116). Un suceso siempre es novedoso, y la novedad de cada situación requiere de un ajuste creativo de sus partes. "*Todo contacto es un ajuste creativo de la persona y del entorno*". La psicopatología "es el estudio de los contratiempos en el transcurso de un ajuste creativo" (PHG, 1951, 1994, p. 6).

1.3 Fuerzas en la situación

Debemos ser capaces de centrarnos en el sujeto o el entorno en la medida que sea necesario; por ejemplo, el enfoque exclusivo en el individuo lo colocaría psicológicamente en el centro del universo y situaría sus valores totalmente en sí mismo. Podemos evitar la escotomización[4] de la situación recurriendo a conceptos como fuerzas. Ya es hora de que revisemos las teorías actuales de la motivación centradas en el ego, que se basan principalmente en reducir la tensión, de manera que podamos dejar lugar a otras fuerzas del campo también presentes en la situación. Una vez introducido este concepto, podemos estudiar lo que sucede desde el punto de vista de la situación global. Un organismo no es orientado únicamente por fuerzas internas, ni es empujado exclusivamente por fuerzas externas. Las fuerzas originadas desde el entorno siempre actúan en conjunto con las fuerzas originadas desde la persona (Henle, 1961, p. 291).

[3] *Gesamtsituation*: situación general, situación total (N. del E.).

[4] Este concepto se utiliza para denominar el mecanismo inconsciente, una suerte de ceguera a la que se recurre para desterrar los hechos desagradables de la memoria o la conciencia (N. del E.).

Cada situación contiene fuerzas que no provienen desde la persona, sino que son partes del entorno e influyen en la experiencia y el comportamiento del sujeto. Tales fuerzas deben considerarse cuando tratamos de entender el comportamiento presente de un sujeto. Wertheimer, en concordancia con Lewin, adopta el término *vector* para indicar aquellas fuerzas situacionales, condiciones o circunstancias que influyen en la conducta de una persona. Vector es un concepto más amplio que motivación. La urgencia o motivación de una persona también puede ser una fuerza situacional, pero en el concepto de motivación se presume implícitamente que el comportamiento motivacional es dirigido por el intento de satisfacer una necesidad egocéntrica o una búsqueda de significado (Wertheimer en Luchins, 1978, II, p. 258, 365). Lewin (1938-1997) emplea la frase *fuerzas internas y externas*, pero sería más preciso hablar de *fuerzas de campo del ego* y *fuerzas de campo del entorno*. Vivimos en un mundo de objetos y configuraciones físicas.

Nuestro entorno psíquico, nuestro mundo, no consiste en una serie de sensaciones, pero sí de cosas y configuraciones físicas. No son neutras para nosotros, tienen propiedades que afectan nuestro comportamiento. Esta observación es válida no sólo con respecto a la facilidad o dificultad con que podemos manipularlas. Muchos objetos y estructuras que encontramos nos confrontan con una voluntad propia. De hecho, nos desafían a actuar de cierta manera hacia o sobre ellos (Lewin, 1926, 1999, p. 95), es como si nos "dijeran" qué hacer con respecto a ellos (Koffka, 1935, p. 353). Por ejemplo, el buen tiempo y un paisaje atractivo invitan al turista a dar un paseo; un taburete invita al caminante fatigado a sentarse; una escalera invita a un niño de 2 años a escalarla; la puerta de entrada invita a un visitante a abrirla y luego cerrarla; un perro invita a su amo a acariciarlo; un trozo de pastel de chocolate invita al sibarita a comerlo, y así la lista continúa.

Todos estos objetos y estructuras tienen un carácter de demanda (*Aufforderungscharakter*). El carácter de la exigencia y las necesidades son conceptos interrelacionados. Los objetos del entorno pueden mantener una relación especial con las necesidades en función de sus atributos demandantes positivos o negativos (Lewin, 1926, 1999, p. 123).

La relación recíproca de las partes interactuantes organiza constantemente la situación. Así como las necesidades de una persona influyen en el modo en que hace sus mapas del mundo, las fuerzas del entorno actúan sobre sus necesidades. Goodman lo explicó así: la energía para la formación de una Gestalt "proviene de ambas partes del campo, es decir, del organismo y el ambiente juntos" (PHG, p. 182). El proceso figura-fondo es una dinámica en que las exigencias y recursos del campo facilitan progresivamente la convergencia hacia la figura dominante (PHG, 1951, 1994, p. 7). Al respecto, Goodman sostiene: *las urgencias y recursos del campo no son las urgencias y recursos de la persona*. La máxima de Lewin que sostiene que "las necesidades organizan el campo" se puede invertir, quedando así: "el campo define la necesidad" (Malcolm Parlett, comunicación personal). Esta reversibilidad aproxima el concepto de Lewin sobre la relación recíproca entre las necesidades y la naturaleza de las exigencias. Sostiene que las afirmaciones: "Ambas, 'esta o aquella necesidad existen' y 'un determinado rango de objetos o escenarios presentan un carácter de exigencia para ciertas acciones', son proposiciones equivalentes" (Lewin, 1926, 1999, p. 97), Las demandas de la situación total organizan el campo tal como en el proceso figura-fondo, es decir, el proceso de formar una Gestalt es un proceso de campo. Wertheimer habla del *Zueinander*, la adecuación de la acción y las exigencias de la situación global. En cada momento de contacto del individuo con su mundo, la situación general se resuelve nuevamente en función de las necesidades de su interconexión (Wertheimer, 1935, 1961, p. 35).

En alusión a Köhler (1947), quien destacó la necesidad de diferenciar entre el *locus* y la *referencia* de las experiencias, Henle (1961), a su vez, en un artículo titulado "Sobre la fuerza del campo", identificó fuerzas motivacionales derivadas de partes de la situación psíquica, que no incluyen las que surgen desde el interior de la persona. Mientras todas las experiencias presuponen procesos en el organismo, no todas necesitan estar dirigidas/referidas a la persona, sino que pueden estar dirigidas/referidas a la percepción del entorno (Henle, 1961, p. 286). Wertheimer (1935/1961) utiliza la misma diferenciación para los problemas de motivación: las fuerzas motivacionales pueden encontrarse dentro de la persona, pero pueden estar relacionadas con partes de la situación distinta del sujeto, pueden surgir de la exigencia vivenciada de la situación, no desde intereses egocéntricos (pp. 39, 40).

Convendría más hablar de fuerzas referentes situacionales ambientales cada vez que las fuerzas que inician nuestras acciones, al parecer surgen principalmente de partes de la situación, diferentes de nosotros mismos, y fuerzas situacionales personales para referirnos a aquellas acciones que proceden de nosotros como partes de una situación. Pero si existen fuerzas ambientales y fuerzas personales involucradas, entonces ambas condiciones relacionadas, personales y ambientales, operan a la vez.

Cuando las fuerzas referentes personales son primarias, el papel del entorno es proporcionar las cosas y escenarios para generar un incentivo y los medios para obtener satisfacción de la persona o bien superar los obstáculos para tal satisfacción. Aun si todas las fuerzas motivacionales se ven referidas a la persona, cabe distinguir entre las fuerzas ego-referenciales *al servicio de la situación global* y las fuerzas ego-referenciales *al servicio del individuo* solamente.

Henle concluye que la contribución de las dos clases de fuerzas es tan cercana que quizás sea más apropiado hablar de los aspectos duales de toda motivación. Antes de que el sujeto pueda responder a las demandas ambientales, es necesario cierto nivel de satisfacción de la persona. Pueden surgir conflictos entre las exigencias ambientales y las demandas relacionadas con las personas, entre diversas necesidades personales y también entre fuerzas ambientales simultáneamente activas. Las necesidades personales pueden cegar a alguien con respecto a lo que se necesita de él en una situación específica, o al contrario, las exigencias pueden ser tan fuertes que ciegan a la persona, dificultándole ver sus propias necesidades. En ambos casos, no se experimenta ningún conflicto.

Pueden surgir los siguientes escenarios antagónicos:

- Quizás una persona esté tan involucrada en un problema personal que no pueda asistir a su trabajo adecuadamente, o no esté interesada para nada en otras cosas, o puede que se sienta inmune a los requerimientos del entorno.

- Churchill estuvo tan inmerso dirigiendo las operaciones militares en la Segunda Guerra Mundial que "olvidó" que tenía una familia. Efectivamente, la guerra dirigía a Churchill tanto como Churchill dirigía la guerra.
- Los conceptos de fuerzas referentes a la persona y fuerzas referentes al entorno no implican que uno debería tener prioridad sobre el otro. La distinción entre necesidades personales y requerimientos de la situación no tiene nada que ver con juicios morales; hay instancias en que las necesidades de una persona objetivamente presionan más que las exigencias de la situación, y hay casos en que las prioridades son al revés (Henle, 1961, p. 292, pie de página 5).

1.4 Las exigencias de la situación actual

La situación se compone de la totalidad de los datos psicológicos relevantes en un determinado intervalo de tiempo, y forma una unidad dinámica de la persona y su espacio vital. Este espacio vital es el que Lewin tiene en mente cuando se refiere a la motivación, necesidades, tareas, intenciones, deseos, expectativas, seguridad, ansiedad, hábitos o patrones de conducta y pensamiento. El espacio vital también incluye las opiniones de la persona sobre su futuro y su pasado. Los teóricos gestalt no obtienen todos los vectores a partir de simples objetos aislados, sino que desde la interrelación de los componentes que constituyen el todo (Lewin, 1935, p. 41). Los terapeutas gestalt de ninguna manera niegan la posibilidad de que sucesos pasados influyan en la situación presente de una persona, pero no se centran en el análisis del pasado. Son cautelosos al conectar los desajustes actuales con hipotéticos acontecimientos tempranos.

En el enfoque gestalt se intenta identificar las condiciones relacionadas-con-la-persona y las condiciones relacionadas-con-el-entorno, con las que se puede contribuir significativamente a la comprensión de las respuestas *actuales* de una determinada persona. El terapeuta trata de reconstruir con el cliente la última situación, de tal forma que éste sea capaz de explorar activamente su espacio vital y reconocer los obstáculos e impedimentos que se oponen a la toma de conciencia de las exigencias de la situación sobre él.

La dinámica de una situación no se relaciona con un objeto aislado o el entorno, sino que depende de la situación total en la que cualquiera de éstos ocurre. Habitualmente, la relación dinámica es lo que hace que un sujeto se acerque o aparte del objeto o el entorno. Köhler sugiere que el término motivación debería reservarse para esta relación (Köhler, 1959/1961, p. 11). Wertheimer sostiene que "los vectores a menudo surgen a partir de los requerimientos de la situación global, no sólo por intereses egocéntricos" (Wertheimer, 1935/1961, p. 29).

Este enunciado implica que el distintivo de una personalidad responsable no es necesariamente la realización del yo. Para el desarrollo de una persona, puede ser tan importante satisfacer las condiciones de campo como las necesidades e instar a ello a su ego. Wertheimer aclara este punto de la siguiente manera: "Para entender si la persona se está realizando, necesitamos estudiar a esta persona específica en las situaciones especiales de su vida y cómo se cumplen los requisitos de cada una de ellas" (Wertheimer en Luchins, 1978, II, p. 280).

Cada situación nos invita a responder a las demandas de la totalidad; Köhler (1938) habla de *Gefordertheit der Lage* (características de las exigencias de la situación). Nuestros actos están influenciados por esas demandas más que por impulsos individuales egoístas. La parte ambiental de la situación no es el mundo físico objetivo externo, sino el mundo fenoménico, tal como lo percibe, lo experimenta y le afecta a una persona. Es el mundo que ella siente e interpreta, el mundo que constantemente la invita y, al mismo tiempo, el mundo que ella crea continuamente. La persona se relaciona en primer lugar con *su* mundo, no con el mundo de otra persona (ver viñeta anterior de Koffka). Cuando se relaciona con el mundo de otros, lo hace comparándolo con su propio mundo, por ejemplo, en procesos empáticos y antiempáticos.

Las siguientes observaciones indican una visión muy positiva y optimista de la relación del hombre con el mundo (Fuchs y otros, 1997, p. 194; Stemberger, 2002):

- Aunque esté gravemente perturbada, enferma, herida o discapacitada, una persona tiende a (re)construir su situación de la mejor manera posible (ley de *Prägnanz*: tendencia a la autoorganización o de la mejor forma).
- Hay un orden natural intrínseco a la situación, el cual se relaciona con las características de la demanda situacional mencionada arriba. Es parte de la condición humana. "Ser partes de la situación es idéntico a existir como seres humanos" (Buytendijk, *Avant-Propos*, 1954, pp. 7-8). "Un sujeto no es otra cosa que una posibilidad de situaciones" (Merleau-Ponty, 1945, p. 467).
- Una persona es capaz de reconocer las exigencias de su situación y, bajo condiciones favorables, puede responder adecuadamente a ellas.

La tendencia a responder a la demanda de la situación surge de la estructura de la situación (de la cual la persona es una parte activa), y no de las necesidades subjetivas de una persona aislada. Las exigencias situacionales y la habilidad del individuo para responder a ellas sólo pueden ser estudiadas en la relación de unos con otros.

Aun el conocimiento más detallado de la estructura o el funcionamiento de la personalidad y el conocimiento más extenso del entorno son insuficientes para captar la esencia de la situación especial de la que es parte el ser humano, porque la interacción entre la persona y su entorno es lo que constituye el núcleo de la situación psicológica (PHG, p. xxviii).

Cuando hablamos de estudiar y describir la situación del cliente, no nos referimos a describirla en términos físicos, objetivos, sino a reflexionar sobre cómo este individuo la experimenta durante un intervalo de tiempo (Kebeck y Sader, 1984, p. 213).

1.5 Investigar la situación actual total de la persona

Un evento actual se deriva de factores dinámicos que operan en una situación concreta. "Ya no buscamos la 'causa' de sucesos naturales de un objeto único y aislado, sino la relación entre un objeto y sus alrededores" (Lewin, 1936, p. 11).

Lewin aclara esta relación a través de una fórmula: "Si uno representa la conducta o cualquier tipo de suceso mental como 'B' y la situación global, incluida la persona, como 'S', entonces 'B' se puede considerar una función de 'S'. En concreto, B = f (S). En psicología, uno puede comenzar por describir la situación global, distinguiendo en una primera aproximación a la persona (P) de su entorno (M). Cada evento psicológico depende simultáneamente del estado de la persona y del entorno, aunque su importancia relativa es distinta en diferentes casos. Por lo tanto, podemos establecer nuestra fórmula B = f (S) para cada evento psicológico como B = f (P, M). Esto supone la necesidad de encontrar métodos para representar a la persona y el entorno con un vocabulario común como parte de una situación determinada" (Lewin, 1936, pp. 11-12).

Lewin utiliza los términos "situación psicológica" y "espacio vital" como sinónimos para referirse a la totalidad de los hechos y a los acontecimientos potenciales, a la totalidad de los hechos que determinan el comportamiento de un sujeto en un momento dado (1936, p. 14). El espacio vital es la individualización y la materialización más general de la condición de vida de una persona, y a su vez, la condición de vida de una persona es el antecedente más constante y remoto de una situación determinada y puede ser parte de la situación inmediata. Influye en el estado de la persona y, por lo tanto, en las reacciones inmediatas.

El espacio vital se compone de todos los aspectos de todas las interacciones de la persona y su entorno en un momento dado en el tiempo 't'. Por lo tanto, B = f (St).

Ya que, para Lewin, la situación y el espacio vital son sinónimos, podemos reinterpretar esta fórmula como B = f (Lt), donde el espacio vital psicológico (L) indica la totalidad de los factores que determinan el comportamiento de una persona en un determinado momento 't' (1936, pp. 12-14).

Sólo aquellos elementos que están activos en la situación actual pueden influir en la interacción persona-entorno. El pasado y el futuro psicológicos son partes de la situación psicológica en un momento dado *t*. Cuando estudiamos la situación de una persona, no debemos olvidar que sólo están activos aquellos elementos que existen en la actualidad para la persona. La perspectiva temporal cambia continuamente (Lewin, 1952, p. 54).

La circunstancia de un individuo siempre refleja el mundo sociocultural de la comunidad a la que pertenece y el mundo que él crea en conjunto con los demás. El estado de la persona es el que está perturbado, así que la situación es la que necesita ser reestructurada. Reestructurar la situación no implica reparar o corregir las cosas de modo que vuelvan a ser lo que eran originalmente, sino posibilitar las condiciones de la situación general que permitirán el desarrollo de todas las partes integrantes.

En general se sostiene que las condiciones sociales, políticas y económicas, así como los aspectos psicológicos del entorno, tienen un gran impacto en la incidencia de trastornos y enfermedades mentales y psicológicas. No obstante, en la mayoría de los casos, los psicoterapeutas y otros especialistas en salud mental y profesionales de otros sectores continúan enfatizando el tratamiento individual. La mayor parte del tiempo, el enfoque es en el estado interno y la disposición o capacidad para enfrentar las dificultades de su situación. La palabra "enfermedad" concuerda con este énfasis: la persona no está cómoda ni suficientemente preparada para enfrentar el mundo circundante; es a la *persona* a quien no le está yendo bien.

A pesar de su énfasis en el campo relacional unificador, la mayoría de los terapeutas gestalt aún consideran que la enfermedad es una categoría de trastorno psicológico que afecta a las personas, es decir, un problema que ellas y sólo ellas tienen. Así perpetúan la tradición de localizar "síntomas" dentro de un "paciente" específico que sufre, en vez de investigar la situación de la cual el individuo es parte y donde han surgido sus problemas. Rara vez se menciona la *situación sufriente. Si una persona está sufriendo, está sufriendo por su situación, por su interacción con su mundo, y en consecuencia, su situación también padece.*

Los terapeutas gestalt evitan dicotomías tales como consciente e inconsciente, dentro y fuera, persona y mundo, y mente y cuerpo. PHG son explícitos al respecto: no hay tal cosa como conflictos internos (p. 134), cada conflicto es un conflicto en la situación relacional persona-mundo y cada perturbación es un trastorno de la situación actual. Tales perturbaciones, desordenan la relación de una persona con su mundo.

La teoría gestalt invita a los terapeutas a pensar y, por consiguiente, a actuar desde la perspectiva de la situación global. Es inconcebible que un agricultor, por ejemplo, afirme que las enfermedades surgen independientemente en árboles aislados como resultado de una alteración del metabolismo del árbol, una constitución débil, resistencia deficiente, etc.; los árboles no son y no pueden ser independientes de las influencias del entorno, del terreno donde están plantados.

Con demasiada frecuencia se considera que los trastornos son un asunto individual e intraindividual. El sufrimiento, el dolor, el conflicto están ubicados dentro del cuerpo (*soma*), la mente (*psyche*), o ambos, psicosoma (*psychosoma*). Nosotros equivocamos el lugar del trastorno, lo que distorsiona seriamente nuestra percepción de éste. Se considera que el lugar es el que está en problemas o defectuoso. Una importante "ventaja" ilusoria de esta manera de pensar es que exime tanto al individuo como a su red de toda responsabilidad social; ninguno de ellos se compromete con el entorno sociocultural del cual forma parte.

La teoría gestalt enfatiza que la interacción de la persona y el entorno es la que está trastornada. La verdadera "enfermedad" es la pérdida de un repertorio rico en respuestas relacionadas con el mundo —un encogimiento o petrificación (una "mineralización", como diría Sartre) de la libertad para interactuar. La persona no es un cuerpo perturbado, no es un alma perturbada; en "psico"terapia tratamos con relaciones perturbadas con el mundo (ver Capítulo 3).

1.6 Terapia gestalt: una terapia del proceso de "gestaltear"

Para los propósitos terapéuticos de la Gestalt, Goodman, coherente con la tradición teórica gestalt, destaca la interdependencia de las partes de un todo. Compara esta interdependencia dinámica de la persona y el mundo con un continuo proceso dinámico figura-fondo ("gestaltear"), en el cual las urgencias y recursos de la situación tienden progresivamente a la formación de la figura contra un fondo (PHG, 1951, 1994, p. 7).

La terapia basada en la teoría gestalt se centra en una pregunta fundamental: ¿qué necesita una situación en particular para ser reestructurada de tal modo que la interacción persona-entorno sea más satisfactoria?

La respuesta a esta pregunta requiere de un enfoque muy diferente al de la psicoterapia que concentra sus esfuerzos en los trastornos de un individuo, es decir, los trastornos que están localizados exclusivamente en el espacio personal o en la conducta de ese individuo.

Se necesita una terapia que no intervenga en una de las partes constitutivas de la situación con exclusión de la otra. Más bien, se requiere una terapia que intervenga en la interacción de las partes de la situación. En el pasado, la mayoría de las terapias han intentado intervenir en el mundo interior de la persona (conflictos y procesos mentales y psicológicos). Consideraban los problemas internos de la persona como desajustes de su "psique" hacia su entorno; no se pensaba que el entorno social pudiera estar mal adaptado a la persona.

La clasificación de un enfoque de "psico"terapia sugiere que el trastorno se encuentra dentro de la psique, dentro del aparato mental de la persona, así que quizás ya sea hora de modificar la clasificación. Por el contrario, la terapia gestalt no necesita cambiar su nombre. El término "Gestalt" dice exactamente de qué se trata la terapia: concentrarse en el proceso figura-fondo de la situación e intervenir en aquellos elementos de la situación global que son más propensos a ser responsables de perturbar el funcionamiento de la totalidad. Estos elementos pueden estar relacionados con la persona, pero también con el mundo (personas, grupos, comunidades, estructuras y entorno físico).

Un terapeuta teórico de la Gestalt, en lugar de ser un mero moderador de los procesos mentales de una persona, elige ser *un facilitador de las situaciones de las personas*. Cuando trabaja con las personas, aun cuando sea de manera individual, está constantemente muy consciente de que ellas son parte de una situación y que ésta puede ser aliviada u ordenada interviniendo también en los distintos elementos de la situación de la persona.

En la interacción persona-mundo, es imposible e insensato definir qué pertenece a la persona y qué pertenece al mundo (Merleau-Ponty, 1945, p. 517). Independientemente de cuánto profundicemos en nuestra psique, encontraremos nuestro mundo en cada nivel de la excavación, es decir, las normas, valores culturales y políticos, etc., de la comunidad a la que pertenecemos.

Se debiera considerar que los trastornos pertenecen a la situación (PHG, 1951, 1994, p. 134), vale decir, que el proceso de interacción en que participan la persona y su mundo está alterado y el proceso de desarrollo se ha estancado. La situación no se ha completado de manera tal que la persona y el entorno se ajusten satisfactoria y creativamente entre sí.

El bienestar no puede ser compartimentado. Para los terapeutas fenomenológicos (y los terapeutas gestalt deben considerarse entre éstos), los comportamientos que se etiquetan con términos como "psicótico" y "neurótico" son modos de enfrentar el mundo en condiciones severas de vida, modos que satisfacen necesidades importantes y disminuyen o evitan la ansiedad que los acompaña.

La teoría gestalt sostiene que, para un funcionamiento "sano", el individuo necesita encontrar un lugar, papel y función significativos dentro de la sociedad, y que la falta de un funcionamiento significativo como ser social es fuente de trastornos (Crochetière y otros, 2001, p. 151; Wollants, 1984). En otras palabras, un bien-proceder trae consigo un bien-estar, y no a la inversa.

Parlett (1995) habla del cambio de paradigma en psicoterapia desde un enfoque en el individuo a uno en la conectividad. En la perspectiva individualista, la persona se describe de diversas maneras como "resistente", "renuente" o "evitativa". La perspectiva de la teoría de campo basada en la conexión libera al individuo de la carga de una etiqueta estigmatizadora, tomando en cuenta el entorno. Entonces, la negativa a participar en el proceso terapéutico se ve como un signo de apoyo insuficiente del campo, y no como un problema individual.

Ya en 1948, Abraham Luchins, teórico gestalt estadounidense, escribía sobre este tema: "La psicoterapia contemporánea generalmente se centra en las dinámicas del individuo (...), y no en las dinámicas del campo social y la manipulación de éste con fines terapéuticos (...) El individuo es la variable que se manipula (...), de modo que es más capaz de entenderse a sí mismo y sus trastornos y ajustarse a (y quizás manipular) las condiciones ambientales (...) Los conflictos personales a menudo se deben a las situaciones reales. La sesión terapéutica sólo es un tipo de situación, y por lo tanto, no impide necesariamente el posterior fracaso del paciente 'en las situaciones de su vida'. Incluso cuando posibilitamos la transferencia de las experiencias del grupo a su existencia fuera de las sesiones del grupo, la persona está condenada al fracaso cuando vuelve al sistema, comunidad o ámbito cultural que no ha cambiado" (Luchins, 1948, pp. 424-425).

En la entrevista con Walker (1971, p. 186), Perls sostiene lo mismo cuando dice que "psico"terapia no es un término apropiado para describir lo que se necesita. Las enfermedades mentales son solamente una clase de perturbación entre la totalidad de los trastornos de la interacción persona-mundo. Por lo tanto, la expresión "psico"patológico también es inadecuada, porque los llamados desórdenes psíquicos nunca son solamente psíquicos, mentales o espirituales. Son desórdenes de la interacción, son relaciones desequilibradas de la persona-mundo. En respuesta a este estado de cosas, el tratamiento gestalt como tema de la terapia aspira a reestructurar estas relaciones. Si miramos a la persona y el entorno fenoménico como parte de la situación, "no podemos culpar de la alienación al individuo o al entorno (...). Ya que la persona y el entorno son sencillamente elementos de una totalidad única —es decir, el campo—, ninguno de ellos puede ser considerado responsable de las enfermedades del otro" (Perls, 1973, p. 26).

Lewin estaba convencido de que un cambio ambiental podía ser muy importante para el desarrollo infantil. Creía que en una situación donde hay vectores conflictivos, éstos tratarán de escapar saliendo del campo. El terapeuta gestalt puede elegir intervenir focalizándose principalmente en la persona, en el entorno o en ambos, o en la interacción entre persona y entorno. El término terapia gestalt se justifica siempre y cuando el tratamiento no excluya ninguno de estos factores a favor del otro, es decir, la terapia gestalt no se limita a la "psico"terapia, y en consecuencia, puede usarse eficazmente para instaurar las condiciones que permitan restablecer el tipo de interacciones necesarias para reconstruir creativamente una situación.

Es obvio que desde una perspectiva coherente con el desarrollo patológico, se debe tener en cuenta lo así llamado patológico, no como un elemento por sí mismo, sino en términos de una perturbación de un intercambio significativo entre la persona y el entorno. Se podrían haber evitado muchos malentendidos y maltratos si cada caso se hubiera considerado como perteneciente a una totalidad, como parte de una globalidad, con una función y un significado dentro de esa totalidad (Wertheimer, 1991, p. 53).

En mucho mayor medida que lo que hacemos actualmente, debemos considerar qué tipo de intervenciones terapéuticas podrían hacerse en las situaciones de nuestros clientes y cómo podría reorganizarse su entorno social. Si lo hiciéramos así, en vez de excluir a los enfermos mentales de la sociedad internándolos en hospitales, tal como se abandona a los adultos mayores en asilos de ancianos y a los jóvenes problemáticos en instituciones correccionales, muchos de ellos recuperarían su bienestar (ver Wertheimer, en Luchins, 1978, II, p. 140).

Resumen

1. Yo siempre soy parte de la situación.
2. La situación es un todo dinámico que consiste en fuerzas interactivas que surgen desde mi mundo fenoménico y desde mí.
3. Desde el comienzo, no soy una persona individual, sobre y contra un mundo exterior, ni hay un entorno separado de mí.
4. Mi entorno y yo constituimos un todo, y las leyes de los procesos holísticos que participan en esta situación tienden hacia un comportamiento significativo de sus partes.
5. Mi desarrollo como persona y mi comportamiento concreto se pueden entender correctamente sólo como una función de la situación global.
6. La unidad básica de exploración e investigación —y, por lo tanto, de la terapia— es la experiencia de mí mismo y de todos los otros elementos que influyen en mi situación en un momento determinado.
7. Yo no soy la única parte de la situación; soy parte de la situación junto con otras personas.
8. En lo que respecta a la creación de un equilibrio entre las fuerzas que surgen de la persona y aquellas que surgen de la experiencia con el entorno, los demás y yo dependemos unos de otros.
9. Cuando se obstaculiza este balance dinámico relacional, las partes involucradas en una situación se desordenan. Los desórdenes mentales se relacionan con un trastorno del ajuste creativo en el "en medio de".

"Ya no buscamos la 'causa' de los sucesos en la naturaleza de un objeto único aislado, sino que en la relación entre el objeto y lo que le rodea (...) Sólo se puede esperar entender las fuerzas que gobiernan nuestro comportamiento si se incluye en la representación la situación psicológica total" (Lewin, 1936, pp. 11-12).

CAPÍTULO 2

LA SITUACIÓN EN DESARROLLO

El niño,
desde su primer día de vida,
es objetivamente parte
del entorno social y moriría
en pocos días
si fuera alejado
del mismo.

—Kurt Lewin, 1952, p. 130

Capítulo 2

LA SITUACIÓN EN DESARROLLO

Desde el punto de vista del desarrollo,
éste no comienza con un yo separado, aislado,
que poco a poco se libera de la dependencia infantil
y crece hasta la madurez.
Más bien, comenzamos con un campo de relaciones.

—Wheeler, 1998, p. 120.

2.1 ¿Qué es el desarrollo?

¿A qué se refieren los psicólogos cuando hablan de "desarrollo"? Generalmente se entiende como una característica del proceso interno de los individuos en una determinada cultura. Hoy en día, la mayoría de los teóricos han abandonado la idea de un desarrollo por etapas que se suceden automáticamente, y aceptan al menos un punto de vista interaccionista moderado, coincidiendo en que el desarrollo ocurre en un mundo social. Sin embargo, pocos profundizan en los supuestos que subyacen a este punto de vista y sus consecuencias (Holzman, 2004).

Muy a menudo el desarrollo ha sido definido como la fructificación de las potencialidades inherentes de un individuo hacia una madurez biológica vinculada a su especie. Se postula que el sentido de esta evolución es ascendente y progresivo. Incluso el desarrollo mental de un niño es visto como un avance irreversible y unidireccional de un proceso de base biológica, que se produce en una sucesión de etapas hacia un punto final en la edad adulta.

Si la madurez es el punto final del desarrollo, uno debe reconocer que este punto final se define implícita o explícitamente por un juicio de valor sociocultural sobre cómo tal madurez adulta debería cumplir mejor los criterios ideales de lo humano. Sin duda, si uno pudiera preguntarle a Freud, Perls o Piaget, o a un clérigo católico medieval o a un leñador africano acerca de esta imagen ideal, sus respuestas serían ampliamente divergentes.

En este capítulo no pretendo elaborar una psicología del desarrollo en el sentido usual, sino subrayar aquellos aspectos importantes desde el punto de vista teórico gestalt del desarrollo.

1. Las teorías del desarrollo varían fundamentalmente con respecto a sus suposiciones acerca de la unidad de análisis apropiada. La teoría gestalt sostiene explícitamente que la situación concreta de una persona y su entorno, una constelación única y dinámica de elementos interdependientes, es la unidad apropiada de análisis psicológico. En palabras de Lewin (1936), esta constelación es el espacio vital, es decir, el conjunto de los hechos y sucesos eventuales posibles acerca de y en la vida de un individuo que determina su comportamiento e incluye a la persona y su entorno.

2. Por lo tanto, lo que se desarrolla no son los elementos separados en la persona ni los elementos separados en el entorno, sino una situación psicológica concreta durante un determinado intervalo de tiempo. El comportamiento, la experiencia y el desarrollo resultan comprensibles únicamente como función de esta totalidad dinámica.

3. Se debe entender que:
   a) El comportamiento y la experiencia del ser humano son una función de una situación psicológica constituida por él y su entorno durante un determinado intervalo de tiempo.
   b) Esta situación psicológica nunca es estática, sino que un conjunto dinámico constituido por fuerzas orientadas hacia o desde la persona y su entorno que apuntan a una solución bien definida y eficaz a un problema (Principio de *Prägnanz* [Principio de Pregnancia]) ("exactitud", Strenge y otros; "precisión", Feinheit y otros [N. de los T.]).

4. El enfoque teórico gestalt del desarrollo no concuerda con la psicología evolutiva en el sentido convencional, donde el foco está puesto en las etapas tempranas del desarrollo del infante, niño y adolescente; más bien, hay que considerar de manera macroscópica una perspectiva del desarrollo de toda la vida, y microscópicamente una visión en la cual algunas situaciones específicas se encuentran y desarrollan en distintos períodos de la vida.

5. Según el concepto anterior del desarrollo, el punto de partida se basa en las siguientes preguntas:
   ¿Cuál es la tarea específica de desarrollo en una situación determinada?
   ¿Cómo surge y se manifiesta esta tarea en una situación que se presenta?
   Si entendemos una etapa del desarrollo como una secuencia de períodos parciales de situaciones que pueden o no cumplir la tarea de desarrollo inherente a la situación, ¿cómo podemos observar aquello que conduce y/o facilita las fuerzas y obstáculos en el proceso de desarrollo de la situación actual?

   Tomemos como ejemplo las tareas de desarrollo que enfrentan las personas mayores. Muchos jóvenes se muestran escépticos si uno les habla acerca de las tareas de desarrollo que enfrentan los adultos mayores. Para estos escépticos, ser mayor es simplemente cuestión de sobrevivir de la mejor manera posible. Desde ese punto de vista, si eres viejo, no te puedes desarrollar más; sólo puedes esperar ralentizar el ritmo con que pierdes tus competencias y destrezas. Y en cuanto a los cuidadores de personas mayores, generalmente no se les ocurre pensar en formas de ayudarlos a desarrollar nuevas habilidades para cumplir con nuevas metas y enfrentar nuevas exigencias.

   Es cierto que el tiempo de vida de un niño se expande constantemente y que el tiempo de vida de un adulto se reduce gradualmente. Pero a pesar de la contracción, los últimos tiempos de vida siguen creciendo en términos de interacciones creativas necesarias y especiales de la edad avanzada. Ayudar a los ancianos significa ayudarlos a enfrentar las tareas de desarrollo específicas inherentes a su nueva situación. En efecto, los ancianos deben encontrar un lugar y un quehacer significativo en su entorno. En caso contrario, corren el riesgo de enfermarse. "La ausencia de un rol significativo es una fuente de patología" (Crochetière y cols., 2000).

6. Por lo tanto, el objetivo de las consideraciones anteriores es que los psicoterapeutas se centren en preguntas tales como:
   - ¿Cómo se manifiestan las demandas específicas de desarrollo encarnadas en la situación total y las situaciones parciales de mi cliente?
   - ¿Qué tipo de recentramiento u otras transformaciones productivas en la situación total y parcial de mi cliente podrían ser posibles y necesarias para asumir la tarea de desarrollo que lo desafía como persona?
   - ¿Cuáles son las fuerzas dentro del espacio vital psicológico de mi cliente y las condiciones de su espacio vital ambiental, es decir, las influencias culturales, socioeconómicas y políticas, externas a las cualidades dinámicas de los aspectos psicológicos en sí, pero que necesariamente se deben considerar?
   - ¿El ambiente proporciona el apoyo que el cliente necesita para enfrentar el desafío de reorganizar su espacio vital de manera que el desarrollo pueda continuar?
   - ¿Cuál es la responsabilidad del terapeuta frente a la tarea de desarrollo que enfrenta su cliente?
   - ¿Cómo evalúa el terapeuta qué intervenciones son apropiadas y cuáles no lo son?
   - Por ejemplo, ¿el terapeuta consideraría influir en el entorno del cliente para permitir que se cumpla una necesidad de desarrollo?

7. Las respuestas a las anteriores interrogantes de desarrollo son de interés no sólo para los psicoterapeutas, sino también, por ejemplo, para todos los educadores que participan en los procesos a través

de los cuales los niños se convierten en adultos. He aquí la versión educativa de estas preguntas: *¿qué tipo de educación, apoyos y restricciones mejoran las posibilidades de los niños para convertirse en miembros responsables de los grupos sociales adultos?* No basta que un educador estimule y ayude al niño a desarrollar sus potencialidades innatas —ese es el ideal de una educación basada en la biología—; también debe ayudar a cada niño a realizar adaptaciones creativas recíprocas entre sí y las partes de la situación global en que está inserto.

En las siguientes páginas presentaré características de una teoría del desarrollo que se ajusta a la visión teórica de la Gestalt sobre el hombre y el mundo bajo sus aspectos ecológicos, relacionales y sociales.

2.2 Lo ecológico

"Desde el punto de vista del desarrollo, no comenzamos con un yo separado, aislado, que poco a poco se libera de la dependencia infantil y crece hasta la madurez. Más bien, empezamos con un campo de relaciones" (Wheeler, 1998, p. 120). En la teorización psicológica, la primacía del individuo aislado se ha convertido en un obstáculo para comprender los procesos de desarrollo. La teoría gestalt postula la interfaz persona-ambiente como la unidad apropiada de la psicología del desarrollo (ver Capítulo 1). Desde el inicio de la existencia de un individuo, lo primario son las relaciones persona-mundo.

Según Lewin, los teóricos y terapeutas gestalt no consideran el desarrollo del individuo como la adquisición de nuevas habilidades en el tiempo, sino, en palabras de McConville, como "la reorganización evolutiva del campo ambiental del organismo" (2003, p. 213). Dicho de otro modo, *el desarrollo consiste en la evolución de las situaciones que una persona y su entorno forman continuamente en conjunto.* Si tomamos en serio el enfoque gestalt, debemos ver lo que sucede como un fenómeno definido por el desarrollo de la totalidad persona-mundo relacional.

Las interacciones entre madre y bebé, por ejemplo, son comprensibles sólo como episodios de un diálogo holístico durante un determinado intervalo de tiempo. Si dividimos este acontecimiento dinámico en partes aisladas, sólo podemos hacerlo en un sentido artificial; y habiéndolo hecho, se puede decir que la madre controla la conducta del bebé, pero éste también dirige las reacciones de la madre. Sin embargo, cuando la situación madre-bebé se caracteriza como un diálogo, es decir, como una "situación-nosotros", vemos un panorama en que la madre y el niño comienzan a diferenciarse poco a poco uno del otro, para finalmente llegar a ser individuos precisamente a causa de su unidad.

2.3 Lo dialéctico, lo relacional y lo social

Wertheimer sostenía que el individuo es consecuencia de sus condiciones situacionales (Wertheimer en Luchins, II, p. 180). La persona surge como una diferenciación de las situaciones de las que forma parte. Una psicología del desarrollo que reconoce la situación como un elemento fundamental en el conocimiento del desarrollo y comportamiento de las personas necesariamente define el desarrollo humano como un proceso dialéctico, relacional y social.

Vygotsky (1978) también considera el desarrollo desde este punto de vista. El psicólogo educacional ruso entiende el desarrollo humano como una actividad social en que las personas están conectadas entre sí, como una manifestación externa de un proceso interno individualizado. En el desarrollo cultural del niño, toda función aparece dos veces: primero, en términos sociales, y más tarde, en términos individuales, es decir, primero entre personas (interpsíquico) y luego dentro del niño (intrapsíquico). Todas las funciones se originan a través de las interacciones.

Vygotsky describe vívidamente cómo los bebés pasan de balbucear a ser hablantes de una lengua por medio del accionar. Los niños son altavoces de una lengua a través de la participación en las conversaciones que ellos y sus cuidadores crean mutuamente. El lenguaje rudimentario del balbuceo del bebé es una imitación creativa del discurso del interlocutor. Al mismo tiempo, en una situación ideal, los interlocutores validan al bebé con sus expresiones e inmediatamente lo aceptan en la comunidad de hablantes.

Ellos no proporcionan a los niños pequeños un manual de gramática y un diccionario, ni los retan ni corrigen cuando cometen errores. Más bien, se refieren a ellos como si fueran capaces de mucho más de lo que son. De hecho, se relacionan con ellos como oradores, tanteadores, pensadores y creadores de significado. Esto permite que los niños pequeños hagan lo que aún no serían capaces de hacer si se los dejara solos (Holzman, 2004).

De esta manera, podemos decir que se superan a sí mismos como hablantes, o, como lo describe Vygotsky, "representan tener una cabeza más de estatura de la que efectivamente tienen" (1978, p. 2004). Cuando juegan así con el lenguaje con los adultos, de modo que se ha creado un espacio de aprendizaje del idioma, los bebés simultáneamente se transforman a través de la representación. La actuación es un modo de ser lo que somos y crear algo nuevo a partir de allí. En este caso, lo nuevo es un interlocutor en el cual necesariamente se ha incorporado el otro (Holzman, 2004).

Una característica esencial del desarrollo es que esos procesos funcionan sólo cuando el individuo interactúa con sus pares y otras personas significativas de su entorno. Un corolario de este hecho es que "*el desarrollo está mediado en gran parte por las relaciones interpersonales*" (McConville, 2003, p. 214).

En efecto, la psicoterapia constituye un microentorno creado por el cliente y el terapeuta que permite desplegar las potencialidades de aquél a través de la realización de lo que el desarrollo de la situación requiera. En primer lugar, la actividad de convertirse en, o llegar a ser, no es una actividad realizada por individuos, sino de una unidad social, un grupo, una comunidad, etc.

Por lo tanto, la terapia y el aprendizaje se organizan mejor como actividades de grupo. *Las personas crecen, haciendo crecer los grupos de los que forman parte y en los que funcionan* (Holzman, 2004, las cursivas son mías. GW).

2.4 Una persona emerge desde las situaciones

Los teóricos del desarrollo tienden a preocuparse por la evolución de los procesos internos de las personas. Es raro que reconozcan que el proceso de individuación se lleva a cabo en una unidad mayor, vale decir, en el ámbito de la interacción entre la persona y su entorno. Este último es más que un escenario donde se pueden revelar las potencialidades del individuo. También hay que estudiar el desarrollo de su ambiente (con la totalidad de su mundo como trasfondo), y no sólo el desarrollo de la persona. Ambos hechos están íntimamente ligados entre sí y deben considerarse interdependientes y pertenecientes a un todo mayor.

La siguiente afirmación de Bronfenbrenner podría haber sido escrita por Lewin: *Man muss also gleichberechtigt mit dem die Individuum die Entwicklung seiner Umwelt (auf dem Hintergrund der restlichen Welt) thematisieren. Da die beiden Entwicklungen ineinander verwoben sind, einandergegenseitig bedingen, müssen sie gemeinsam in einem übergeordneten Bezugsrahmen gesehen werden* (Bronfenbrenner, 1978, p. 54) (Paralelamente con el desarrollo de la persona, hay que considerar el desarrollo de su mundo. Ambos procesos de desarrollo están tan entrelazados que deben ser estudiados como elementos de un mismo todo). El ser individual surge como una diferenciación de la situación en la que está inserto.

Lewin sostiene que un niño, "desde su primer día de vida, es objetivamente parte de un entorno social y moriría en pocos días si tuviera que ser retirado del mismo. Así, los hechos sociales y las relaciones influyen en el llamado mundo psicológico 'subjetivo' del individuo, su espacio vital, a una edad mucho más temprana de lo que nadie hubiera sospechado hace algunas décadas" (1952, p. 130). La idea de Lewin era que el comportamiento del niño se moldea desde un comienzo en todos los aspectos de acuerdo a su situación. Y para Lewin, la palabra "situación" se refiere al mundo comportamental o conductual, es decir, el mundo fenoménico en el cual se comporta la persona.

Basándonos en las percepciones fundamentales de Lewin y otros pioneros de la teoría de la Gestalt, necesitamos como foco de estudio una teoría del desarrollo que considere la red de relaciones que entreveran a la persona y su entorno.

En el cuadro esbozado anteriormente, el desarrollo se concibe como la diferenciación de las relaciones recíprocas de un ser situado y su medio; el desarrollo no se considera un proceso en evolución individualista de un sujeto aislado hacia un yo descontextualizado. Si la capacidad de ser separados fuera nuestra naturaleza básica, el máximo desarrollo personal, la mayor realización de esa naturaleza, se manifestaría como un aumento en la autonomía del individuo hasta el punto de lograr una independencia máxima del entorno, o sea, de las demás personas.

En esta visión individualista, mientras el niño, por su naturaleza y necesidades, es dependiente, el adulto maduro es independiente en el campo social, automotivado y capaz de autoevaluarse según una norma interna y, en un sentido real, está aislado de los demás.

En la visión individualista, los hitos del desarrollo se caracterizan por el logro de niveles de independencia cada vez mayores. El ser humano adulto maduro se apoya a sí mismo y, como tal, no necesita recurrir a otros para sostenerse. Basándose en este concepto, Fritz Perls definió la situación inconclusa como "una falla en el desarrollo desde el apoyo ambiental al autoapoyo" (1973, p. 57). Sin embargo, en mi opinión, esta afirmación es incorrecta, ya que seguramente fue motivada por el temor de Perls a la dependencia. De hecho, la situación inconclusa surge de una necesidad legítima recurrente que fue frustrada en la infancia por personas significativas. Esta necesidad persistirá hasta que se satisfaga a través de una relación de dependencia satisfactoria.

En contraste con la visión individualista, el punto de vista de la teoría gestalt sostiene que, al principio, el crecimiento y el desarrollo no se despliegan con referencia a una persona única aislada, sino que lo que crece y se desarrolla es la interacción entre el individuo y el mundo. El elemento fundamental es el desarrollo de la interacción. El desarrollo se caracteriza por una mayor diferenciación, variedad y flexibilidad de las interacciones. Junto con este incremento, se amplía y diferencia el espacio vital, es decir, el entorno de la persona, y se amplía su perspectiva temporal (Lewin, 1952).

Ilustración
En un comienzo, los bebés perciben y responden holísticamente. Con el desarrollo, son capaces de percibir las sensaciones que componen la totalidad (Koffka, 1942). En especial, los movimientos de un bebé son globales y sólo después, mediante un proceso de diferenciación, aparecen los movimientos separados específicos de las extremidades y otras partes del cuerpo. En los pacientes con Parkinson se observa una inversión de este desarrollo, en que se dificulta realizar movimientos pequeños y la motricidad fina de dedos y manos. En consecuencia, intentan llevar a cabo las acciones requeridas mediante movimientos que tienden a ser globales, los que a veces comprometen a todo el cuerpo y que, desde luego, frecuentemente no logran su objetivo.

2.5 Facilitar las fuerzas de la situación

Una situación de apoyo es aquella en que un ser humano puede apoyarse a sí mismo mientras que a la vez depende del apoyo de otros. El autoapoyo es imposible sin el apoyo ambiental.

Laura Perls (1992) adopta una postura clara al respecto: el desarrollo sólo es posible en la medida en que se disponga del apoyo adecuado para ello en la situación total. Cualquier falta de apoyo esencial se vivenciará como angustia. En situaciones de ansiedad, las personas manifiestan pautas rígidas de formación de Gestalts y automatización de conductas; entonces, no hay garantía de que el nuevo movimiento que debo hacer (vale decir, la conducta o interacción que tengo que experimentar con personas) sea acogido por los otros significativos (padres, abuelos, profesores, pares, etc.) y esté lo suficientemente en línea con las normas sociales y otras propias de mi situación vital: ante esto, opto por no arriesgarme (p. 154).

Un enfoque basado en la situación destaca la contribución de las entidades antes mencionadas en el campo social. Los educadores, maestros, entrenadores y terapeutas constituyen fuerzas ambientales en el espacio vital que apoyan el desarrollo de los estudiantes, aprendices y clientes, ayudando a crear seguridad y, por lo tanto, oportunidades que necesitan para manejar los problemas que surgen de acuerdo a su situación particular.

Una perspectiva desde la teoría de campo implica un cambio de enfoque desde los recursos propios o internos a una perspectiva más amplia que considera el apoyo, receptividad y validación ambientales. En cuanto a la terapia gestalt se refiere, puede que el terapeuta desee concentrarse en las condiciones generales de vida del cliente o, específicamente, en la dinámica de los procesos que se desarrollan dentro del tratamiento (Wheeler, 2000b, p. 228). En un enfoque desde la teoría gestalt, uno se centra en identificar las condiciones personales y contextuales importantes que pueden ayudar a comprender la conducta del cliente. Tal enfoque corresponde a una visión del hombre mediante la cual en principio se le permite al cliente reconocer las demandas de la situación y comportarse de acuerdo con las mismas.

2.6 Recentrar

Levy (1943, 1997), basándose en Wertheimer, emplea el término "recentrar", para aprehender los diversos aspectos de los cambios de perspectivas anteriormente mencionados. Durante el desarrollo de un ser humano y de sus relaciones con el mundo, ocurren episodios críticos en que es de vital importancia una reorientación radical. Las visiones anteriores acerca de la vida, el sí mismo y el mundo se vuelven insostenibles. Se producen determinadas experiencias, acontecimientos y desarrollos personales, además de cambios en el entorno que ya no se ajustan a la antigua orientación. Éstos exigen una reestructuración de la propia visión del mundo y de uno mismo, un ensanchamiento, estrechamiento o cualquier otro cambio de perspectiva. A menudo un cambio en el énfasis de lo que realmente importa en la vida. Uno tiene que reformatear las relaciones propias con el mundo.

La infancia, la pubertad, la adolescencia y la vejez, por no mencionar un evento catastrófico a cualquier edad, suelen generar este tipo de crisis. Sin embargo, la edad adulta de ningún modo está del todo libre de ellas. Estas crisis a menudo traen consigo momentos de gran intensidad, estados de ánimo irreprimibles o revelaciones y descubrimientos sorprendentes. A veces hay una etapa de búsqueda inicial, la nueva perspectiva se organiza lentamente para luego cristalizar. Sin embargo, en otras ocasiones, la nueva organización se produce en forma abrupta, dentro de algunos días o semanas.

La dirección del recentramiento es variable. Puede conducirnos a una libertad personal descubierta repentinamente, al abandono de prejuicios o a una independencia recién adquirida. Puede llevarnos a una reorientación ética o a una religiosidad fortalecida que se convierte en un ancla de las relaciones de uno con el mundo. Algunas personas particularmente susceptibles a la inspiración pueden irrumpir a una vida llena de aventuras, lo que supone un entusiasta *joie de vivre* y una tendencia a acciones de gran relevancia. Estos individuos ya no aceptan el confinamiento dentro de las pequeñeces de la vida cotidiana. Además, muchos otros resultados son posibles.

Si existe la necesidad vital de recentrar y reestructurar la percepción del significado de la vida y del mundo, esta situación le presenta a uno una tarea concreta. Estos complejos procesos deben llevarse a cabo una y otra vez cuando la perspectiva de los resultados del recentramiento no sólo ha de ser aceptable, bien definida y coherente, sino también compatible con los objetivos dados y las estructuras del mundo y las necesidades psicológicas de la persona. Cada parte importante de la vida tiene que ser trabajada en forma regular y sincrónica, con un ojo puesto en la situación de la totalidad emergente. Hay que comprobar constantemente los hechos objetivos, para ver si se ajustan al objetivo del recentramiento o si lo van a resistir debido a su propia organización y estructura intrínsecamente independiente. Puede que el trabajo requiera de la originalidad creativa de un artista. Cabe destacar que, en esas instancias, la persona a menudo experimenta una fuerte presión. Por lo tanto, las crisis suelen exigir tiempo y fuerza, persistencia y vigor en el acto de recentramiento, y se debe enfatizar que, en tales momentos, el individuo frecuentemente experimenta una intensa tensión.

Desde el punto de vista clínico, uno constantemente tiene la impresión de que al principio de un proceso esquizofrénico, por ejemplo, el paciente ha alcanzado una fase en su desarrollo en que ineludiblemente se enfrenta con desafíos psicológicos de largo alcance debido a los cambios de su campo, los que lo someten a estrés, producto de tener que afrontar las nuevas necesidades situacionales que exigen un importante cambio de perspectiva y actitud (Levy, 1934).

El desarrollo de un cliente puede haber llegado a una etapa en que se requiera reorganizar sus interacciones con el mundo. En las transiciones de etapas de la vida (por ejemplo, el envejecimiento) se deben trabajar varias pérdidas: de seres queridos, la salud, el trabajo, las capacidades mentales y físicas, además de la seguridad y la confianza. Las transiciones desafían a las personas para adaptarse creativamente a su entorno de tal manera que la creciente demanda de la situación general se transforme creativamente en posibilidades y oportunidades. Las tareas de desarrollo y los procesos que éstas implican surgen a lo largo de toda la vida.

En las próximas páginas de este capítulo trataré de presentar los grandes principios de la teoría del desarrollo coherentes con la visión interrelacional expuesta en este libro y con la situación como concepto clave. La experiencia ha confirmado que las raíces teóricas de la Gestalt —sobre todo el marco conceptual de la situación de la vida, cimentada en las bases teóricas del modelo de Lewin— contienen todos los elementos necesarios para construir un cuerpo sólido de desarrollo de la teoría. No se pueden llenar los vacíos tomando prestados los conceptos de otros enfoques. Más bien, debemos cimentar una teoría fundacional consistente del desarrollo, basada en los conceptos fructíferos probados y demostrados con que ya contamos.

En una ocasión, el discípulo de un gurú hindú le pidió a su maestro que le revelase una verdad nueva y demoledora. "Ve a esa roca, empújala hacia atrás y encontrarás una verdad", dijo el gurú a su discípulo. Así lo hizo, y debajo de la roca encontró una nota requemada en la piel de un animal. Decía lo siguiente: "¿Por qué estás buscando una nueva verdad cuando no practicas lo que ya te ha sido comunicado?" (Easwaran, 1986, p. 204).

El principio básico del trabajo en Gestalt es el de una situación que se desarrolla continuamente debido a los cambios en el entorno y la persona. Si este desarrollo es favorable, las acciones recíprocas de ambos elementos deberán ser flexibles. Las interrelaciones ambiente-persona deben satisfacer lo que se requiere. Si no lo hacen, las interrelaciones "enloquecen".

Ahora expondré mis ideas básicas en forma de enunciados.

2.6.1 Once enunciados sobre el desarrollo

Enunciado I

Según la teoría gestalt del desarrollo, el proceso de crecimiento se caracteriza por la necesidad recurrente de tratar temas nuevos y específicos o tareas que se deben cumplir. A lo largo de su vida, las personas tienen que enfrentar diversas tareas de desarrollo. Hay muchas situaciones en que un mismo asunto debe ser abordado de diferentes maneras.

Un enfoque teórico gestalt del desarrollo no está ni puede estar basado en una secuencia de etapas más o menos lineales, generalmente progresivas. En la psicología de la Gestalt, la reiteración no se considera un signo de patología sino una adaptación necesaria para enfrentar el mundo que se va empequeñeciendo para poder adaptarse a las capacidades decrecientes.

Comentario

Una de las tareas evolutivas que constituyen un desafío para las personas de edad avanzada es la necesidad de enfrentar la inactividad progresiva en el tiempo y, por lo general, la reducción de su situación de vida. Su menor flexibilidad exige un aumento de su control sobre las condiciones ambientales y el desarrollo de diferentes tipos de interacciones con su entorno —en dos palabras, nuevas habilidades.

En nuestra sociedad, el proceso de pérdida de capacidades físicas a menudo se ve como un rechazo: "No produzco; luego, no existo" (una variación de Descartes), y no como un desafío para reorganizar factores ambientales problemáticos, a fin de satisfacer las necesidades de la nueva situación.

Enunciado II

El desarrollo es una función de las relaciones recíprocas de una persona y su mundo. No es una mera cuestión individual de adquirir nuevas habilidades a través del tiempo, sino de reorganizar la evolución de la situación que constituye la persona y su entorno, es decir, transformar su espacio vital en permanente evolución.

Wertheimer declaró que la señal de una personalidad sana no es meramente la realización del yo; más bien, hacer lo que la situación exija puede ser aún más importante para el desarrollo de la personalidad que para satisfacer las necesidades del yo. Para evaluar si alguien se está realizando, debemos estudiar las situaciones particulares de su vida y ver cómo responde a las exigencias de éstas (en Luchins, 1978, II, p. 280).

Desde el punto de vista teórico gestalt, la principal preocupación es el desarrollo de la totalidad de las interacciones, entendiéndose por "desarrollo" la evolución de la situación interaccional una y otra vez. El desarrollo no es la autorrealización del individuo, separado de su situación. En la psicología de la Gestalt, el sí mismo puede realizarse sólo si se realiza la situación global de la cual es parte una persona.

> *Ejemplo*
>
> Un niño de 1 año se pone de pie por primera vez y se desplaza mediante sus propios esfuerzos hacia los objetos de su ambiente. No acepta cuando un adulto intenta ayudarlo. Lo que necesita del entorno es el tipo de ayuda que le permita caminar sobre sus propios pies en vez de gatear. Necesita ayuda en forma de estímulo para explorar tanto las posibilidades como las limitaciones de su situación (sus capacidades y los obstáculos de su entorno). Si el niño se ve impedido en su necesidad de experimentar nuevas posibilidades, no puede llevar a cabo la tarea que lo desafía, la nueva situación no se cumple y entonces surgen asuntos pendientes.

Enunciado III

Con el tiempo, el entorno de un niño en evolución debe progresar según su desarrollo. Los propios padres tienen que evolucionar para poder enfrentar el proceso que se despliega entre ellos y su hijo (Wheeler, 1998, p. 117).

Ejemplo
La situación de un niño de 1 año y la de un bebé de 8 meses son muy diferentes, incluso en un entorno "idéntico". Esto también es válido para el mismo niño en diferentes períodos de su vida. Los padres de un bebé de 8 meses son diferentes a quienes serán cuando su hijo cumpla 18 años. Asimismo, una joven divorciada necesita padres que se comporten de una manera diferente que los padres de una joven felizmente casada.

Ya hemos subrayado que la iniciativa para el desarrollo de las interacciones proviene de ambas partes de la situación, es decir, de la persona y del entorno. Existe una relación circular entre el yo y el ambiente. Desde el punto de vista de la psicología occidental, individualista y centrada en la interacción, es frecuente que esta relación se considere una iniciativa de la persona, a partir de sus necesidades, afanes y déficits. En demasiados escritos de terapia gestalt, la interacción se interpreta como un distanciamiento de las necesidades del individuo o una perturbación del equilibrio homeostático de la persona, que se ha desalineado *sólo* por una necesidad biológica.

Según el enfoque teórico de la Gestalt, Goodman (en PHG, 1951) es enfático en señalar que ambos elementos de la situación psicológica son esenciales (Galli, Wertheimer, Koffka, Lewin). Los objetos nunca son neutros para una persona: algunos incitan al bebé a succionar o agarrar, a algún niño a escapar, a algunos adultos a jugar, a algunos ancianos a aislarse. Las correspondientes fuerzas de atracción y repulsión determinan el carácter de la demanda de los elementos situacionales.

"Una tarea incompleta deja una huella que es fluctuante, comparable a una figura no cerrada. Como se sabe, tales figuras tienden al cierre, y descubrimos que esta tendencia también es característica de la huella de un acto incompleto" (Koffka, 1928, p. 60).

Ejemplo

Un niño de 12 años asiste a una escuela dominical dirigida por una orden religiosa con una actitud estricta hacia la sexualidad, que los clérigos ven por todas partes. A los 14 años, el niño se interesa en las niñas. Para él, convertirse en un hombre a los ojos de una niña es un desafío de desarrollo. Pero no se le permite reunirse con las chicas. Por otro lado, el entorno está lleno de niñas lanzando una plétora de encantos sensuales, que a él le encantaría recibir y retribuir con demostraciones de su virilidad en ciernes. Pero sus padres y profesores se oponen a cualquier tipo de contacto con estas atractivas potenciales "otras" significativas. Por lo tanto, queda prohibida esta experiencia que los muchachos necesitan para su desarrollo, y esta privación se convierte en el ambiente propicio para no-cierres o algunos asuntos inconclusos.

Enunciado IV

El desarrollo es un proceso que se caracteriza por todos o algunos de los siguientes cambios:

- Formas cada vez más diferenciadas y variadas de acciones recíprocas de las personas y su entorno.
- Aumento en la organización de estas acciones.
- Complejidad creciente de la vida en todos sus aspectos.
- Ampliación y profundización de las actividades e intereses.
- Ampliación de la perspectiva temporal.
- Desarrollo de la conciencia con respecto a las diferencias entre las diversas percepciones de la realidad (Lewin 1935).

Como describí anteriormente, madurar significa desarrollar modos cada vez más diferenciados de manejo del entorno; una mayor flexibilidad en la conformación de la situación total, un repertorio conductual más amplio y, por consiguiente, un comportamiento más matizado (Lewin, 1935, p. 233). El espacio vital de un niño pequeño es muy limitado y relativamente indiferenciado. A medida que el niño crece, su vida se convierte en un espacio más amplio, su situación se vuelve más compleja y diferenciada, y surge la necesidad de controlar su situación. Al mismo tiempo, el niño se torna más dependiente de las influencias ambientales y responde a un número cada vez mayor de éstas. Las características demandantes del entorno, su naturaleza, fuerza y distribución deben considerarse una de las propiedades más importantes del ambiente (Marrow, 1969, pp. 60-61).

Lewin tiene una opinión clara respecto a que la maduración, variedad, variabilidad y flexibilidad del ambiente conciernen tanto al entorno psicológico como a la persona. Estas son las características de una situación en desarrollo, la unificación de las características del individuo y del ambiente (Lewin, 1952, p. 247). Durante el desarrollo, las áreas importantes de la situación vital se involucran en el proceso de diferenciación.

Enunciado V

El desarrollo del niño se caracteriza por un mayor grado de diferenciación de la realidad que atraviesa a las personas y al tiempo. Ya durante el primer año de vida, se forma el entorno psicológico del niño que percibe. Las posibilidades de este ambiente y sus obstáculos no son determinadas por las necesidades del niño sino por el hecho de que vive en un campo social de fuerzas que se manifiestan principalmente a través de la voluntad y exigencias de sus padres. A través de estas fuerzas, el niño forma rápidamente sus impresiones sobre lo real y lo irreal. Casi siempre, la realidad más fuerte y dura de asimilar para el niño es la voluntad del adulto. Sin embargo, el tipo de separación logrado de esta manera, entre lo real y lo irreal, suele ser rudimentario y pronto colapsa, pues carece de una relación fundamental con las necesidades del niño (Lewin, 1952). De hecho, el niño, cuyos recursos son fuertemente gravados mientras intenta hacer frente a la voluntad de sus padres, sólo consigue una distinción borrosa entre realidad e irrealidad.

Otra forma muy consistente del niño de separar la realidad de la irrealidad tiene que ver con la experiencia de las dificultades que encuentra mientras intenta lograr los objetivos que se ha impuesto en base a sus *propias valoraciones*. Lewin señaló muy bien esto en una frase lapidaria: "La objetividad no puede surgir en una situación de restricción; sólo surge en una situación de libertad" (Lewin, 1952, p. 77).

Ilustración

El sistema educativo sin restricciones, instituido en muchos países occidentales en los años 70 con el enfoque contrario al autoritarismo, fue un fiasco, porque el niño no podía terminar una tarea evolutiva indispensable: conocer cuáles eran los límites de su espacio vital.

La libertad consiste en la capacidad de hacer lo que se exige dentro de las limitaciones de una situación, y no lo que se venga en gana. Dentro de ciertos límites, el niño en desarrollo que ha escogido sus objetivos no necesita ser liberado de las dificultades inherentes a su consecución (física o de otro tipo), ni de aquellas que plantean las personas en el grupo social al que pertenece. Sólo cabe tener presente que, para evitar que el niño renuncie a sus metas por la frustración e intercambie una realidad intolerable por un mundo de fantasía, las dificultades no deben ser abrumadoras.

Hay dos condiciones generales que definen la realidad como un hecho psicológico para el niño:

1. La voluntad de otra persona,
2. La resistencia de las cosas a la voluntad del niño (Lewin, 1935, p. 175).

Enunciado VI

Otra de las características del niño en desarrollo es que su presente dura más y por más tiempo, de modo que cada vez hay una mayor integración entre el pasado, el presente y el futuro. La extensión del presente alcanzada en la infancia realza la percepción del pasado y el futuro por parte del adulto, en el sentido de que gracias a la expansión de un espacio de tiempo creativo de juego, puede considerar desde diferentes perspectivas los acontecimientos y experiencias actuales, evitando entramparse en interpretaciones rígidas, distorsionadas y estériles del pasado y el futuro.

Autores existenciales como Straus (1930), Minkowski (1933) y Binswanger (1967) han escrito interesantes documentos y libros sobre la experiencia del tiempo en personas con trastornos mentales. El cambio en la perspectiva del tiempo es un hecho fundamental del desarrollo; otro aspecto de esta importante etapa madurativa es la forma en que la anticipación de acontecimientos futuros afecta el comportamiento presente (Lewin, 1952, pp. 140-141).

El idioma alemán, a través del verbo reflexivo *sich zeitigen* (realizarse uno mismo), aclara de una manera admirablemente breve el papel fundamental del tiempo transcurrido en el proceso de autodesarrollo. Este verbo tiene la connotación de obtener el máximo rendimiento de nuestro tiempo o vivirlo a fondo. Las posibilidades de la propia existencia pueden ser realizadas sólo a través del uso adecuado del tiempo (Boss, 1979, p. 153).

> *Ilustración*
>
> Los niños muy pequeños viven casi completamente en el presente. Pueden retener sólo el pasado inmediato y un único proyecto en el futuro inmediato. Esta estrechez temporal es característica del comportamiento rudimentario. A medida que el niño crece, el horizonte tanto del futuro como del pasado puede afectar el comportamiento presente (Lewin, 1952, p. 75).

Las personas deprimidas son incapaces de protegerse a sí mismas o su vida en el futuro. Los psicóticos no tienen acceso al pasado ni al futuro. Las personalidades limítrofes pueden "recordar" su pasado, pero, generalmente, en gran medida lo hacen de acuerdo con sus construcciones y necesidades actuales. Varían sus historias personales en el tiempo de un momento a otro, recomponiendo significativamente los hechos en función de su estado de ánimo y de lo que les está sucediendo en ese momento (Minkowski, 1933/1968; Straus, 1930).

Enunciado VII

El desarrollo está marcado por una diferenciación de las situaciones de la vida en un caleidoscopio de relaciones interpersonales y de áreas de actividad. La consiguiente diferenciación de las necesidades personales explica el aumento de los resultados en un repertorio más amplio de respuestas interactivas, una mayor diferenciación de las relaciones interpersonales y sociales cada vez más complejas. Parte esencial del modelo de creciente diferenciación es la organización más sofisticada de los derivados de ésta.

Enunciado VIII

Con el desarrollo, los cambios ocurren en términos de la expansión y contracción del espacio vital total en respuesta a las demandas. El espacio vital debe ser alternadamente flexible o rígido, debido a la creciente diferenciación, variedad y complejidad de las relaciones y esferas sociales interpersonales.

> *Ilustración*
>
> No todos los ámbitos de la situación del niño le son accesibles en un determinado momento en el tiempo. Un chico puede observar a otros niños en actividades en que le gustaría participar, pero se percibe como incapaz porque, por ejemplo, no se siente lo bastante fuerte o inteligente, o con experiencia o edad suficientes. Tal vez no se le permite participar debido a la prohibición paterna, un tabú social o una ley tácita entre pares sobre la libertad de movimiento. O el niño teme ponerse en riesgo con estas interacciones y por lo tanto las limita con otras personas y con las instituciones del entorno cuyas respuestas ya están bien establecidas, perdiendo así cierto grado de flexibilidad y libertad con respecto a los poderes existentes (que percibe) y relacionándose con ellos como si fueran inflexibles e inmóviles (Lewin, 1935-1952).

La relación entre el niño y las áreas que le son accesibles e inaccesibles en su situación vital, así como el tamaño del espacio en que puede moverse libremente y la demarcación de los límites entre las áreas accesibles e inaccesibles, tienen gran importancia para su desarrollo.

Enunciado IX

Los procesos del desarrollo no son lineales. Las tareas evolutivas nunca se completan de una vez por todas. En un momento y espacio determinados, puede que la situación demande la consecución de una tarea evolutiva concluida con anterioridad.

El hecho de que se requiera de un nuevo logro no significa que la situación exija las mismas respuestas que se dieron anteriormente o un retroceso a un nivel de menor desarrollo; sin embargo, en ciertas situaciones problemáticas, las necesidades del desarrollo se vuelven a activar.

> *Ilustración*
> Wertheimer se opone a la afirmación de que el paciente que se acurruca en su cama en posición fetal está haciendo lo mismo que un bebé (en Luchins 1978, Parte II, p. 264). Sostiene que este tipo de explicación nos da una falsa impresión de lo que está ocurriendo, y convendría más que nos abocáramos a comprender la dinámica del paciente. En un análisis más profundo, la conducta no resultará extraña ni loca. Al aferrarnos a una explicación basada en la regresión, nos centramos en determinadas características peculiares del comportamiento, lo que excluye el verdadero papel y función de éstas en la situación social presente de la persona.

Debemos adoptar la idea de un *intercambio entre progresión y regresión* (Verstegen, 2004). El adulto, al comportarse "regresivamente", se prepara para dar una respuesta más apropiada a su situación actual (ver el proverbio francés *reculer pour mieux sauter*: dar un paso hacia atrás para dar dos pasos hacia adelante). Hay que considerar la posibilidad de que acurrucarse en posición fetal permita al paciente excluirse del mundo por un tiempo, reducir las demandas de la situación a un grado manejable y consolidar sus recursos psicológicos, lo que a su vez quizás le permita participar en alguna ensoñación creativa o fantasear con otras posibilidades. Por demasiado tiempo, tanto la psiquiatría como la psicoterapia, en su permanente preocupación por la patología (su sesgo patologista), han hecho caso omiso de las fuerzas creativas del hombre y otras fortalezas, además de la sabiduría de su locura.

Desde esta perspectiva, la regresión en realidad es progresión, y ciertamente no es lo mismo que retrogresión, un retorno a un tipo de conducta característica de una fase de desarrollo anterior. Alguien que se retrae, en oposición a una persona en regresión, parece comportarse "primitivamente", pero en realidad está manifestando una nueva conducta de adaptación en respuesta a una *nueva* situación (Lewin, 1952, p. 94).

El proceso en acción muestra una regresión, pero en el sentido de una involución, es decir, un retorno a un tipo de comportamiento básico. Las formas de interacción, que han caracterizado la relación de la persona con su entorno hasta el momento, han sido permutadas por formas reducidas o simplificadas de relacionarse con el ambiente. Estas formas reducidas son más apropiadas para enfrentar obstáculos en la situación general de la persona, en la que no puede controlar las tareas que se le desafía a realizar; por ejemplo, la necesidad de adaptarse a la pérdida de la integridad corporal, de un trabajo o de un ser querido.

Enunciado X

Un planteamiento gestalt para el desarrollo no se puede basar en etapas teóricas o secuencias ideales, y por lo tanto, tal enfoque no puede apoyar una evaluación de la madurez mediante una curva teórica que muestre secuencias de desarrollo o de áreas.

Arnheim (1974) enunció una noción crucial de la teoría gestalt: "Sólo para los fines de una teoría sistemática, el desarrollo se puede presentar como secuencias de etapas nítidamente separadas. Es posible (y a veces útil) aislar diferentes fases del desarrollo y ordenarlas según su creciente complejidad. Sin embargo, tales secuencias ideales sólo corresponden muy aproximadamente a lo que realmente ocurre en un caso específico" (p. 181).

Distintos niños se aferran a diferentes fases durante distintos períodos de tiempo. Pueden saltarse etapas o combinar otras de manera individual. En estas variaciones se considera tanto la personalidad del niño como las influencias ambientales. Por otra parte, las etapas preliminares permanecen hasta después que se han alcanzado (superpuesto) las etapas posteriores, de modo que cuando el niño enfrenta alguna dificultad, puede apoyarse en una versión anteriormente elaborada, la llamada solución primaria (p. 182).

No existe ninguna relación fija entre la edad de un niño y la etapa en que se manifiesta una capacidad particular. *Sólo hay una tendencia que interviene en todas las interacciones del ser humano y su entorno, y esa tendencia es primaria: la tendencia a realizar, de la mejor manera posible, las tareas inherentes a una determinada situación de vida en un período de tiempo dado* (Goldstein, 1935-1995).

Las consecuencias educativas y terapéuticas de esta visión fueron formuladas sucintamente por Metzger (1962), quien resaltó la necesidad de respetar los caminos que el niño toma y la celeridad con que lo hace. El mensaje que subyace al trabajo de Arnheim a este respecto es que los rendimientos de los niños y las llamadas soluciones primitivas no deben ser considerados estrategias negativas deficientes que hay que superar lo más rápido posible para que ellos puedan avanzar en el camino hacia el desarrollo del comportamiento (adulto). Cada etapa del desarrollo tiene su propia razón de ser, creatividad y belleza. Además, cada etapa evoca sus propios mensajes del entorno. Dado que las primeras fases son fundamentales para cualquier desarrollo maduro, deben ser elaboradas sin apuro para que no surjan contenidos pendientes (Arnheim, 1954-1974, p. 204).

Lejos de ser una señal de un desarrollo fracasado, las desviaciones de secuencias o de las etapas "normales" del desarrollo podrían indicarnos las acciones de seguridad o precaución necesarias que protegen al niño en su situación específica de los posibles daños producto de las demandas del entorno.

Estas desviaciones pueden considerarse ajustes creativos óptimos a las dificultades en las interacciones persona-situación, y las interacciones son necesarias para que el niño pueda continuar su senda de crecimiento mediante la limitación o simplificación de su situación, es decir, mediante la limitación o simplificación de sus interacciones con el mundo. La única manera de mantener en marcha el desarrollo podría ser un ajuste de la situación, una disminución de la flexibilidad en la interacción persona-situación o una no distinción de la constitución de sus aptitudes.

Regresión

La regresión se puede interpretar como un cambio en el espacio vital como un todo, que actúa en sentido contrario al desarrollo. La regresión se puede asumir desde una perspectiva de reducción del tiempo, restricción del área de presentación psicológica, indiferenciación de determinados segmentos del espacio vital, de las relaciones sociales o de las áreas de actividad, así como organización reducida o desorganización del espacio vital, o también rigidización general del espacio vital (Lewin, 1952, p. 247 y ss.).

Si bien los procesos anteriores, especialmente aquellos que implican indiferenciación y desorganización, podrían resumirse como una especie de "primitivización" (Lewin, 1952, p. 256), habría que excluir de este término cualquier connotación relacionada con el estancamiento o inmovilización del desarrollo.

La regresión se puede entender como un proceso del desarrollo que tiene lugar en respuesta a condiciones problemáticas, tales como enfermedad, frustración por diversos obstáculos, estrés y tensión, ya sea debido a una incapacidad de la persona o a demandas abrumadoras del entorno, o ambas. En cuanto al estrés o tensión, hay dos tipos: el *eu-estrés* (estrés bueno) y el *dis-estrés* (estrés malo)[5]. La modalidad que una persona experimente dependerá del calce entre sus capacidades y de las demandas que su situación general imponga en él (Wollants, 1988).

Enunciado XI

En una situación de falta de apoyo —cuando la persona no tiene los suficientes recursos para sustentarse a sí misma o no recibe el apoyo necesario del entorno—, el desarrollo procede con dificultad. Cuando las tareas del desarrollo no se pueden llevar a cabo, se producen trastornos por falta de respaldo en la situación, generándose un descarrilamiento o proceso frustrado del desarrollo (Jacobs, 1995, p. 150).

El entorno, como parte de la situación, se desarrolla paralelamente con el individuo en desarrollo. El ambiente tiene que evolucionar, cambiar,

[5] El "estrés bueno" sería aquel necesario para continuar con una tarea, un motivador para incentivar la consecución de algo. En cambio, el "estrés malo" sería cuando el estrés bueno se convierte en algo difícil de soportar y manejar, ocasionando síntomas indeseados (N. del E.).

expandirse o empequeñecer a la par con la interacción de la persona y el entorno en evolución. Si no lo hace, el individuo se encontrará sin el apoyo necesario y desfasado con su ambiente (Wheeler, 2000).

En vista de lo anterior, la psicopatología debe concebirse en el contexto *total* del desarrollo humano como un no-ajuste entre las necesidades del individuo y las demandas de su entorno. Es el complejo resultado de todas las fuerzas protectoras y de los factores de riesgo involucrados en la situación total. La psicopatología del desarrollo debe intentar comprender los problemas psicológicos en el contexto *total* del desarrollo.

Asimismo, la adaptación incorrecta debe considerarse una evolución a través de las adaptaciones sucesivas de la persona y su entorno. De hecho, sería más prudente hablar de la desadaptación como un ajuste creativo en un momento dado, en una determinada situación en el pasado, pero que posteriormente ya no cumple la función prevista, llegando a convertirse finalmente en un desajuste.

En el próximo capítulo definiremos la psicopatología no en términos de un estado mental defectuoso, sino de un trastorno entre las relaciones recíprocas de largo plazo (crónicas) de la persona y su mundo y las relaciones recíprocas de corto plazo (agudas); un desequilibrio de la situación global por el que las demandas de la situación no pueden cumplirse de una manera que satisfaga tanto a la persona como a su mundo.

CAPÍTULO 3 SITUACIONES ADVERSAS

La unidad dinámica del conjunto
no sólo depende
de la relación de las partes entre
sí con la totalidad,
sino de la relación del conjunto
con su entorno.
Por regla general, una mayor
separación del entorno
incrementa la unidad interna del
conjunto con su ambiente.

—Lewin, 1936, p. 185.

Capítulo 3

SITUACIONES ADVERSAS

"El comportamiento normal y el anormal siguen las mismas leyes. Ambos son reacciones de los sistemas físicos a conjuntos de condiciones que perturban sus estados existentes; los diferentes sistemas reaccionarán de manera distinta, y no porque haya sido destruido un locus *responsable de ciertas funciones parciales, sino porque mediante la destrucción de tejido en un lugar, las características de todo el sistema han sido alteradas".*

(Kurt Koffka, *Psicología para neurólogos.* Cita de Molly Harrower: *Kurt Koffka: An Unwitting Self-Portrait*, Gainesville: University of Florida Books, p. 202. GTA website: Quote of the month).

3.1 Los trastornos mentales son mecanismos de supervivencia

La psicopatología suele caracterizarse por los debates sobre el desarrollo, como la detención o regresión de cierta secuencia (Verstegen, 2005, p. 127). Sin embargo, un planteamiento basado en la teoría gestalt prefiere considerar los fenómenos psicopatológicos más bien como un intento de seguir el curso del desarrollo a pesar de los obstáculos (ver Capítulo 2).

La teoría gestalt concibe los desórdenes mentales como patrones más o menos fijos de interacción entre la persona y su entorno que intentan satisfacer las demandas propias de una situación. La pregunta crucial es: "¿Qué tipo de desarrollo está tratando de surgir en esta situación y en este preciso momento?" (cf. McConville, 2003, p. 228).

Un enfoque teórico de campo se inclina por un modelo evolutivo de la psicopatología. En este modelo, los trastornos surgen cuando hay un mal ajuste entre las necesidades de desarrollo de una persona, las características de su entorno y la capacidad del individuo para satisfacerlas. En gran medida, más que defensas, los trastornos son esfuerzos de desarrollo. Desde una perspectiva del desarrollo, las perturbaciones en la interacción no deberían considerarse defensas, sino que éstas aparecen cuando se obstaculizan las condiciones para que se lleve a cabo un proceso de desarrollo.

La psicología es el estudio de la situación global. El comportamiento y el desarrollo se consideran una función de la situación general, es decir, de la interacción entre las fuerzas dinámicas de la persona y su ambiente. El estado de la persona y el de su entorno son dependientes uno del otro. La persona y su ambiente fenoménico deben ser considerados como una sola constelación de factores interdependientes (Lewin, 1952, pp. 239-240)

La psicopatología estudia los aspectos dinámicos de una situación que deriva en perturbaciones de la relación entre una persona y su entorno fenoménico, es decir, el mundo tal como ella lo experimenta (Wollants, 2005). Esto significa, desde luego, que los elementos patógenos se encuentran en la situación, independientemente donde ellos (a primera vista) parecieran situarse.

Al cambiar de un paradigma monopersonal a un paradigma relacional, situacional, un enfoque teórico gestáltico también pasa de un paradigma de la patología basado en conflictos y defensas intrapsíquicos a una concepción interactiva de la psicopatología en la que los desórdenes mentales se definen como comportamientos, y no como defectos en la persona (cf. Galli, 2000).

"Adoptar una perspectiva desde la teoría de campo es retornar a la agenda original de la Gestalt, que era ubicar la angustia y la confusión no dentro de los límites de la psicopatología individual de la persona, sino en el ámbito de las interacciones entre las personas y su situación" (Parlett, 1993). Parlett usa aquí el término "situación" como sinónimo de "entorno". El desarrollo es producto de esta interacción dinámica entre el individuo y su ambiente. Se trata de la configuración de todos los elementos, más que de cualquier experiencia única que influya en el desarrollo de confusiones. En las diversas transiciones de desarrollo en todo el ciclo vital de una persona determinada, pueden surgir nuevas vulnerabilidades o fortalezas.

El núcleo de todo trastorno psicopatológico es una perturbación de las relaciones recíprocas entre la persona y su entorno fenoménico, es decir, su mundo. El trastorno se relaciona con la situación que se forma continuamente entre la persona y su ambiente. Sin duda, no es un trastorno de la estructura psíquica interna por sí sola. El conflicto está ahí donde está situada la persona; y la relación persona-mundo importa ahí, donde transcurre la vida.

Incluso cuando un trastorno se relaciona con una disfunción fisiológica (por ejemplo, daño cerebral), el defecto afecta a la interacción entre la persona y su mundo. La alteración de la interacción persona-mundo es la verdadera "enfermedad": sus interacciones persona-mundo están deterioradas. La mayor dificultad del individuo es su incapacidad para darse cuenta de qué le exige su situación (Goldstein, 1934/1995; Van den Berg, 1972).

3.2 El diagnóstico de las dinámicas de la situación actual

De acuerdo con los teóricos de la Gestalt, Goodman (en PHG, pp. 13-14) afirma que para entender la conducta de uno mismo, hay que determinar la totalidad de la situación del momento para cada tipo de pensamiento, emoción y acción, es decir, la estructura de la condición actual de una persona y su entorno fenoménico, lo cual implica que el comportamiento o conducta es una función de la condición psicológica. Por lo tanto, también podemos decir que para entender los trastornos mentales, debemos analizar con precisión las fuerzas que actúan en la coyuntura actual del momento de la persona.

La tarea de la psicoterapia se convierte en un determinar las dinámicas de la situación tal como es vivenciada por el cliente, es decir, cómo toma forma o se gestaltiza[6] o se organiza el proceso de configuración

[6] Término resultante del verbo *gestaltung* —proceso de formar una totalidad— que alude al proceso más que a la figura yuxtapuesta a un fondo como forma fija.

interactivo de la persona y su mundo, de manera tal que pueda afrontar las urgencias y exigencias de la situación.

A fin de entender a las personas con trastornos mentales, necesitamos de su colaboración para investigar su situación (Lewin, 1935).

El cliente experimenta el trastorno principalmente como un cambio fundamental en su actitud hacia su entorno.

El comportamiento alterado es un indicador de los cambios sustanciales en las relaciones persona-entorno.

Las interacciones persona-mundo han sufrido un cambio, sea en el individuo o en el ambiente: muchas de las cosas que eran adecuadas para estas relaciones, ya no lo son.

La situación modificada o en proceso de cambio requiere de una nueva gestaltización de la interacción de las partes de la situación.

La conducta perturbada indica una gestaltización fracasada de la interacción.

Las interacciones persona-entorno se organizan y esfuerzan por encontrar un equilibrio viable para la situación dada. Tienen un efecto y una función de resolución de conflictos. Son resultado de la mejor gestaltización posible dentro de lo que la interacción permite, aun cuando se provoque mucho sufrimiento en las interacciones con los demás cuando éstos pasan a formar parte de la situación.

Psicológicamente hablando, todos los llamados trastornos mentales son perturbaciones del todo interaccional que llamamos la situación. Como ya se ha dicho, etiquetar tales trastornos como intrapersonales es distorsionar el conflicto que siempre se encuentra en relación con las partes de una situación entre sí y el conjunto total. Lewin define una situación conflictiva como aquella en que las fuerzas que afectan a la persona se ejercen en sentidos opuestos y tienen casi la misma trascendencia (1952, p. 260). A su vez, Goodman sostenía que es estéril e inútil distinguir entre conflicto "interno" y conflicto "externo" (PHG, p. 134).

"Un organismo defectuoso puede lograr un comportamiento ordenado sólo a través de una contracción de su entorno, proporcional al defecto" (Goldstein, 1934-1995, p. 56). Toda persona con una discapacidad corporal debe construir su nuevo ambiente físico para enfrentar las exigencias de la situación en la cual se encuentra. Asimismo, la persona que sufre de un trastorno mental reduce su mundo fenoménico, tanteando y ajustando el intercambio con el mismo. Lo que parece ser una característica de *un trastorno mental es en realidad un intento de reorganización de una alteración de la relación persona-mundo*. Los desórdenes mentales no son enfermedades en un sentido médico.

Etiquetar, diagnosticar y cosificar

La conceptualización de ciertas conductas como enfermedades puede servir para eximir de toda responsabilidad a la sociedad de tener algo que ver con esos comportamientos. Al tratar los trastornos mentales como si fueran ante todo y esencialmente enfermedades fisiológicas, la psiquiatría minimiza o ignora los aspectos socioambientales de la situación en la que se altera la conducta de la persona. Se presta muy poca atención al significado, intención, dirección y dinamismo del comportamiento perturbado.

Las reacciones "normales" y "anormales" son maneras de abordar las demandas de la situación. Simplemente son polos o extremos de un *continuum*, una forma de enfrentar una situación difícil y aterradora. Por lo tanto, es útil emplear verbos para describir los trastornos mentales. Utilizar verbos es una especie de licuación: al hacerlo, se disuelve la modificación lingüística petrificante de la perturbación y de los sentidos bloqueados que es inherente a esta imputación discriminatoria (Kriz, 2006, p. 157; Wollants, 1984).

Por ejemplo, un simple cambio en el enunciado "Hans tiene un trastorno conductual psicótico" a una fluida adscripción como: "Hans presenta un comportamiento psicótico", suscita preguntas tales como: ¿cuándo?, ¿dónde?, ¿en qué contexto? y ¿qué se entiende exactamente por "psicótico" en este contexto? También buscamos respuestas a la siguiente pregunta: ¿quién sufre a causa de la conducta psicótica: Hans, su entorno social o ambas partes de la situación? Al decir: "Hans tiene un trastorno psicótico" o "Hans es psicótico", estas preguntas no surgen tan fácilmente, pues sitúan el problema dentro de Hans: sólo él es quien tiene un trastorno, sólo él es quien tiene un problema.

Una pregunta terapéuticamente relevante es la del remedio. Si Hans es quien tiene un trastorno conductual, entonces Hans es quien debe ser "curado" a través de medicación, psicoterapia o ambas. Pero si decimos que lo perturbado es la interacción Hans-entorno, que lo alterado es la situación general, entonces tenemos que centrarnos en remediar (y no en curar) la situación. El comportamiento bizarro de Hans puede ser visto como su manera de enfrentar una situación perjudicial para él. Si se le ayuda entregándole más condiciones de apoyo, él tiene la oportunidad de luchar para librarse de su conducta extraña, perturbada o incluso loca.

Este ejemplo debería servir para ilustrar que el lenguaje convencional de diagnóstico y sus categorizaciones habituales (por ejemplo, etiquetas) pueden impedir que encontremos intuitivamente las soluciones apropiadas frente a una situación problemática. En la raíz de todas las imágenes bipolares de las diferencias radica la ilusión de totalidad (suponiendo que ambos polos en los extremos y toda la gama de fenómenos entre ellos son *toda* la historia); y aún más, utilizamos el lenguaje polar cuando decimos cuerdo y desquiciado, sano y enfermo, bueno y malo, orden y desorden, con el único fin de reducir la complejidad de las situaciones. Al respecto, Kriz escribe: "No se trata de vivir sin categorías, sino que primero hay que librarse de las categorías establecidas y malignas para formular (cf. cogitar, de *cogitare*: pensar, pensar sobre; de *co* + *agitare*: conducir, sacudir juntas en la mente) categorías e interpretaciones significativas que abran nuevas interpretaciones y posibilidades de acción" (2006, pp. 157-158).

Los manuales de diagnóstico (como el DSM IV, APA, 1994) tienden a usar sustantivos para describir las enfermedades mentales, como si las categorías correspondientes se refirieran a entidades concretas en el mundo real, tal como las enfermedades orgánicas. Se olvida que estas categorías son abstracciones, y la reificación resultante nos da la falsa seguridad de que únicamente estableciendo el diagnóstico sabremos todo lo necesario acerca de la persona en su mundo (Lemma, 1996, p. xi).

3.3 Tendencia a conservar el estado ordenado

Se puede hablar de desarrollo emocional patológico cuando una persona, al enfrentar importantes tareas de desarrollo, no puede cumplir los requisitos para su existencia debido a las características de su personalidad y del ambiente. *El desarrollo patológico se manifiesta en una deficiencia aguda o crónica de la libertad de interacción entre la persona y su entorno.* Lo que realmente está dañado es la capacidad del organismo para ajustarse plenamente a las necesidades y tareas de una situación específica (Goldstein, 1940, 1963, p. 133; 1935-1995, pp. 332-334). Si queremos entender un desorden, debemos averiguar todo lo posible sobre las potencialidades deterioradas de la persona, las áreas de su existencia en que se han producido las alteraciones y cómo éstas afectan de manera concreta en la situación.

En una determinada situación, la relación entre la persona y el entorno tiende al orden. En condiciones patológicas, la tendencia a preservar el estado actual (ordenado) podría convertirse en el medio de supervivencia. Algunas teorías del equilibrio hacen hincapié en que la reducción de la tensión es la unidad más importante que se moviliza. Afirman que se requiere de mucho esfuerzo para mantener el equilibrio conseguido de esta manera. (El mismo Perls desarrolla una teoría homeostática en su primer libro, *Ego, hambre y agresión* [1947]).

Las formas de relacionarse con el mundo pueden ubicarse en una escala que va entre dos polos opuestos:

- En un extremo se encuentra lo impredecible, lo complejo, el caos, la inseguridad, el involucramiento vertiginoso con la singularidad de cada proceso, cosa que, sin embargo, admite una toma de conciencia de lo novedoso y sorprendente —conduciendo al tipo de ajuste creativo del cual habla Goodman (PHG, 1951-1994).
- En el otro extremo se encuentra un orden constreñido. Mientras más regularidades y familiaridades buscamos, nuestra conciencia del mundo se convierte en algo más predecible y comprensible, especialmente los acontecimientos de la vida, las cosas y las personas se transforman en algo cada vez más uniforme, gris y aburrido.

Un ser humano nace y se ubica en una situación social con sistemas relativamente estables de interacción, instituciones, reglamentos, instrucciones, recetas, normas, reglas y roles. Llamamos socialización al proceso de familiarización con estos sistemas (ver Jürgen Kriz, p. 206). La socialización también consiste en una adaptación de la persona a través de la cual su comportamiento se ajusta a las normas y reglas de su medio social.

Las personas que no encajan dentro de este sistema de reglas y que amenazan el orden con su caos son marginadas y enviadas a instituciones "especializadas". Este grupo de individuos incluye a trastornados mentales, discapacitados mentales, dementes, desviados severos, minusválidos, antisociales, personas sin hogar, ancianos con demencia senil, enfermos graves y moribundos. El caos provocado sin querer por estos seres humanos los destierra a los márgenes de la vida cotidiana. A pesar de que la sociedad, en cierto sentido, se encarga de ellos, por lo general no perciben de manera positiva la regulación vinculada a sus vidas, en cuanto a la seguridad y protección que se les ofrece; en cambio, consideran que la regulación es una imposición sobre ellos y que los aísla.

Cuando nuestra posibilidad vivencial total del mundo se reduce demasiado, nuestras relaciones y respuestas se transforman en patrones de conducta rígidos, no creativos. Nuestra capacidad de ordenar el caos y la complejidad es un arma de doble filo:

- Por un lado, es esencial.
- Pero, por otro lado, el orden que crea puede degenerar las interacciones hacia una mecanicidad que se refuerza a sí misma, aprisiona al yo y envenena las interacciones de la persona con su entorno (Kriz, 1997, p. 211).

El desarrollo psicopatológico se produce cuando no se realiza el ajuste creativo al mundo, cuando la persona intenta sobrevivir pero no tiene los recursos para superar los problemas de su existencia y asumir las limitaciones de su mundo. El fracaso en la adaptación es una condición esencial de la patología. Ésta comienza sólo cuando hay adaptación.

"Somos pobres si sólo somos cuerdos" (Winnicott, citado en Lemma, 1996, p. 3). Las personas sanas no aspiran a la "normalidad".

3.4 Características fundamentales de una visión de la psicopatología orientada por la teoría gestalt

Antes de sintetizar mi manera de entender lo que es importante desde una perspectiva de la teoría gestalt sobre la patología y el diagnóstico, citaré extensamente los seminarios de Wertheimer (Luchins y Luchins, vol. II, 1978, pp. 138-139). Entre otros temas, este extracto aclara la importancia de la situación global a través del significado de las partes.

Para mostrar los efectos del entorno social en una persona, Wertheimer presentó un caso psicopatológico.

Caso clínico

Un soldado tártaro ruso herido fue capturado solo y trasladado a un hospital del ejército austríaco, donde desarrolló delirio de persecución. También escuchaba voces, mostraba ansiedad extrema y cometió intentos de suicidio. Esto fue diagnosticado como un episodio paranoide agudo. Wertheimer se preguntó cuál sería la causa de tal comportamiento. Según Kraepelin, se debe estudiar su árbol genealógico, buscar las tendencias paranoides en su historia e intentar identificar alteraciones glandulares. Se trata de demostrar que la paranoia se debe a una disposición innata. El psicoanálisis sostiene que tiene una base homosexual; por lo tanto, es necesario estudiar el desarrollo histórico de la libido y encontramos que se debe a una homosexualidad inconsciente. Podría descubrirse un complejo de Edipo no resuelto: ama a su padre, no es amado por las chicas, desea a los hombres pero los encuentra fríos, piensa que lo odian y por lo tanto se torna delirante. En respuesta a una pregunta, Wertheimer dijo que, según Adler, un complejo de inferioridad provoca paranoia, y luego preguntó: "¿Qué significado tienen en común todas estas explicaciones?".

Se ignora tanto la situación en que se encuentra el hombre como lo que sucede con él. Alguien dijo que estos teóricos no ven la situación.

Wertheimer comentó: "Hay una falta de comprensión de lo que realmente sucede en el presente con el individuo en particular. Más bien, buscan señales que confirmen la operación de factores que son básicos para sus teorías".

La imagen cambia si se considera que el tártaro fue capturado solo e internado en un hospital extraño. Fue llevado a un campo del cual va a ser parte, en el papel de paciente. Es miembro de un grupo de personas en una habitación, donde todos se comunican entre sí pero no con él.

En este campo hay fuerzas que le hacen sentir que están en su contra. Se le administran medicamentos, es sometido a una operación y lo obligan a cooperar. No habla alemán; nadie sabe su lengua tártara. No sabe nada de los hospitales occidentales. Es incapaz de entender el campo que actúa sobre él, pero no puede escapar de ahí. Está internado en un hospital del enemigo. ¿Qué me están haciendo? Me duele, no puedo resistir y tengo que hacer lo que me dicen. Esto lo exaltó y estresó. Desea algún tipo de relación con (los otros elementos de) el campo. Necesita comunicarse, pero no puede hacerlo. Finalmente, se relaciona con este campo en términos de "el grupo contra mí". Se produjo una situación en que él quería convertirse en parte de un "nosotros", pero él era un "nosotros-lisiado". Todos sus pensamientos apuntan a esta dificultad específica. Se estrella contra un obstáculo. Se exalta, desconcierta y entra en pánico.

Siente que algo está mal: se siente como un extraño en el grupo. Este sentimiento genera aislamiento, el sentimiento de "yo contra ellos", "ellos contra mí". Su ego se vuelve problemático; es un ego que no se relaciona con nadie. Wertheimer preguntó: "¿Cómo se comporta un hombre en tal situación?". Puede que vea los acontecimientos como una escena teatral, pero escucha la conversación de los demás y se siente excluido. Quiere saber lo que están hablando. Hace una hipótesis: están hablando de mí, contra mí. Ahora todo se interpreta a la luz de esta reinterpretación de la situación: el desequilibrio se ha transformado en equilibrio; están hablando de mí; el médico quiere envenenarme.

Ahora se ha aclarado la situación. Las cosas cobran sentido. Él tiene una relación con el campo y ha descubierto una forma de comportarse en él. Lucha para salvarse. Trata de escapar suicidándose...

Alguien interrumpió para preguntar qué había ocurrido con el tártaro. Wertheimer respondió: "Encontraron a un hombre que entendía el dialecto del tártaro. Conversaron y se rehabilitó".

Este episodio ilustra muy bien los conceptos mencionados anteriormente sobre la compensación (intercambio) entre el caos y la creatividad.

Este caso revela un aspecto crítico de la visión teórica gestalt de la psicopatología como fundamentalmente una conducta que se ha desordenado. Una vez que se acepta este principio, la psicopatología se entiende como las partes desordenadas de un todo más amplio llamado campo psicológico o situación. El tema central de la psicología es el comportamiento (Koffka, 1935, p. 35).

Resumiré los principios fundamentales del concepto de psicopatología basado en la teoría gestalt (cf. Stemberger, 2002; Walter, 1985; Wollants, 1998). Es llamativo que si bien la mayoría de estos principios se mencionan implícita o explícitamente en PHG (1951-1994), muchos terapeutas gestálticos sólo los aplican en forma limitada en la actualidad. Los terapeutas gestalt en todo el mundo prestan más atención a la representación esquemática del proceso de ponerse en contacto (el ciclo de contacto) y utilizan las interrupciones del ciclo como una especie de instrumento para diagnosticar como defectuosa la conducta del cliente (ver Capítulo 4).

1. *Los trastornos mentales no son entidades como las cosas materiales.* Tratarlos como tales es cosificarlos o reificarlos según un modelo de enfermedad orgánica. Son conductas en forma de *intercambios interactivos.*
2. Al igual que la conducta "normal", la conducta "anormal" *sólo debería entenderse como inmersa en un todo más amplio* —la *Gesamtsituation* (situación general)— en el cual este comportamiento tiene una función, intención y dirección. La conducta de una persona es resultado de todas las dinámicas que actúan en esta situación global.

3. *La interacción patológica es ordenada, tal como la interacción "normal"*, y sigue básicamente las mismas leyes. La terapia gestalt teórica prefiere ver las conductas de los llamados enfermos y sanos como formas de tratar con lo dado de la situación. Cada uno de los hechos dados de la vida y la muerte pueden perturbar el equilibrio dinámico, el cual puede ser restablecido a un nuevo nivel de relacionamiento con el ambiente según las exigencias de la situación.
4. *Un ser humano no se considera una colección o suma de piezas mecánicas que funcionan en forma relativamente autónoma* entre sí en la máquina como un todo, sino un sistema integral, abierto y dinámico que tiende a restablecer el intercambio con el entorno mediante un nuevo equilibrio dinámico y procura lograr un *gestaltear* interactivo óptimo (la mejor forma posible).
5. Estudiar el proceso "patológico" significa *prestar gran atención a la estructura dinámica de la situación actual*, y no a una cadena de causa-efecto que se supone ha ocasionado la situación. (PHG también hacen hincapié en la investigación de la estructura de la situación actual). Para analizar las fuerzas de campo del espacio vital, hay que investigar qué aspectos de la persona y su entorno están actuando en la situación *ahora*.
6. Los seres humanos y su mundo fenoménico, durante un determinado intervalo de tiempo, forman juntos *una unidad más amplia o la situación total*. En esta situación, se activan *fuerzas intrínsecamente autorreguladas, autorrestauradas y autoprotegidas*, manteniendo el todo, una y otra vez, en un equilibrio dinámico (y no estático). También en PHG, este proceso de autorregulación se define como una regulación continua de las relaciones persona-entorno, pero ahí se caracteriza en gran medida como una tendencia homeostática y biológica del organismo, lo cual altera el verdadero cuadro.
7. Un ser humano con buena salud física y mental *se encuentra a sí mismo realizado, no en la inactividad* sino en la acción, el movimiento, el cambio, el crecimiento, avanzando, produciendo, creando y explorando.

8. La teoría gestalt no considera un "yo" independiente como el centro natural del mundo fenoménico, como un individuo autónomo del que procede cada acción. Por el contrario, *alguien que se ha quedado atascado en el polo del "yo", es visto como una persona severamente impedida*, y este foco exagerado podría ser la base de un desarrollo patológico.
9. Una persona que no puede reconocer el todo más amplio del cual forma parte (Metzger, 1968, p. 271) se ciega ante las demandas de la totalidad más amplia. El bienestar puede medirse por el grado en que la interacción de una persona y su mundo contribuye al logro de las exigencias de su situación. *La autorrealización es, en primer lugar, la realización de una regulación creativa de la persona y el entorno entre sí.*
10. Dado que cualquier interacción deficiente depende tanto de las fuerzas del campo que emanan de la persona como de las derivadas del entorno, *no tendría sentido* (Lewin, 1935, pp. 30-31) tratar de *obtener información de carácter general excluyendo la influencia de una de las partes* del gestaltear y considerar como válidos sólo aquellos factores procedentes de las situaciones que se observan en muchas circunstancias diferentes. Por el contrario, para comprender y definir una situación, un terapeuta gestáltico debe ser capaz de aprehender y considerar con la mayor precisión posible, y desde una perspectiva concreta, todas las fuerzas relevantes que actúan en una determinada situación.
11. Para la investigación de dinámicas, lo más importante no es extraer de una situación, sino *desentrañar aquellas situaciones en que los factores determinantes de la estructura de la dinámica total son discernibles con mayor claridad.* La teoría gestalt se centra en las situaciones particulares globales, en sus aspectos concretos durante un determinado período de tiempo (Lewin, 1935, p. 31). Los promedios derivados de grandes conjuntos de casos se consideran improductivos.

12. En psicoterapia, el enfoque anterior significa que organizamos la situación terapéutica *de modo que el cliente se encuentre en el ambiente de las dificultades de la situación que experimenta a diario.* Así, ante la misma, utiliza su comportamiento habitual en los intentos por enfrentar su situación. La relación entre cliente y terapeuta (como un verdadero otro) se convierte en parte de un experimento vivaz en que no se da prioridad a uno u otro elemento aislado. No se puede evaluar la importancia de tales elementos sin acercarse más detenida y progresivamente a la situación total para llegar a la médula del problema.
13. La situación concreta global se puede explorar únicamente aquí y ahora, junto con el cliente.

Los últimos cuatro principios del concepto de psicopatología basado en la teoría gestalt nos llevan directamente a una discusión del diagnóstico. Las implicancias y conclusiones prácticas serán tratadas en el Capítulo 6.

3.5 Diagnóstico de la situación global

Diagnosticar significa observar y evaluar la situación persona-mundo. La evaluación incluye un análisis de las fuerzas activas en la situación, para comprenderla con la mayor claridad posible desde el punto de vista de quien tiene información privilegiada del mundo del cliente, de modo tal que, junto al cliente, se pueda considerar qué hacer con respecto a la situación en su totalidad para colaborar en su desarrollo en la dirección deseada.

No se puede hablar de diagnóstico sin al menos tener en cuenta implícitamente una teoría de la persona-mundo y qué significa esto para enfrentar los hechos dados de la vida (ver Capítulos 1 y 2). Los autores de las taxonomías de "trastornos mentales" creían que eran a-teóricos, es decir, que carecían de una teoría. Sin embargo, se fundamentaron en un modelo basado en un enfoque defectuoso: los problemas de relación que experimenta un individuo en su situación se consideran deficiencias o defectos en el funcionamiento personal. En los sistemas de diagnóstico tradicionales, un "trastorno" se define como el conjunto de "síntomas" de una persona. Esto parece calzar bien con una teoría fragmentaria y estática del individuo (Ruh, 1999). En realidad, dichos manuales de clasificación son un mero *Störungskatalog* (catálogo de trastornos) (Plaum, cit. en Stemberger, 2005, p. ii).

La primera observación (obvia) que me gustaría hacer es que un análisis de las fuerzas del campo (la investigación de las fuerzas que actúan en una situación concreta) da validez tanto a las fuerzas que uno considera positivas como a las que se consideran negativas en relación con el desarrollo deseado. Es muy probable que las llamadas fuerzas negativas resulten ser necesarias para la evolución de las relaciones de la persona con su entorno.

Lo que muchos agentes del cambio llaman resistencia al cambio, desde una perspectiva de las fuerzas, es en realidad una fuerza motivacional. A través de su "resistencia", el cliente defiende la importancia de ciertos elementos de la situación que los otros significativos pasan por alto. Esta fuerza no es una característica del estado interno de la persona; al contrario, siempre es un fenómeno que surge de las relaciones recíprocas del individuo y otros elementos de su entorno (en su mayoría, otros significativos). Indica la desatención de necesidades, valores y deseos importantes de la persona, quien parece resistirse a la negación de estos hechos psicológicos fundamentales que se originan en el entorno.

Sólo una descripción exacta de todas las fuerzas que operan en un determinado momento como elementos interdependientes de la situación total, proporciona la base necesaria para predecir e influir en el comportamiento y desarrollo de una persona que es parte de esa situación. En primer lugar, los fenómenos que deseamos estudiar forman parte de las relaciones de la persona y su entorno. Las partes cobran sentido a partir del todo, lo que implica que la comprensión de las propiedades y condiciones totales debe preceder a la descripción de las subpartes o partes individuales que constituyen el todo (Wertheimer, 1922-1938, p. 15).

Según la ley de la *Pregnancia*[7], la situación de la vida siempre tiende a organizarse de la mejor manera posible. "La organización siempre será tan buena como lo permitan las condiciones imperantes" (Koffka, 1935, p. 110; ver Ruh, 1999). En consecuencia, ambas interacciones, la ordenada y la desordenada, se pueden entender como procesos adaptativos y como autoorganizadores de los procesos de la situación.

Dado que ambas se relacionan entre sí, la situación terapéutica ofrece al terapeuta y al cliente la oportunidad de descubrir cómo es la situación. Desde el punto de vista de la teoría gestalt acerca de las relaciones persona-mundo, el diagnóstico consiste en la descripción de los hechos dinámicos y dimensiones de la situación. "Una representación correcta de lo que 'es', al mismo tiempo, es una explicación de lo que sucede" (Lewin, 1936, p. 83). Además, la descripción del espacio vital no es sólo una explicación de lo que está sucediendo, sino también una guía para lo que podría suceder y hacerse en favor de la reestructuración de la totalidad en la interacción. Por lo tanto, el diagnóstico debe preocuparse del comportamiento, la experiencia y el proceso terapéutico (Ruh, 1999), y conducir en forma natural al pronóstico.

En materia de diagnóstico, Ruh (1999) concluye que el diagnóstico teórico gestalt en psicoterapia tiene que ser un "diagnóstico del campo" o un diagnóstico de la totalidad de una persona concreta y su entorno fenoménico concreto. Esto implica analizar los elementos y fuerzas en la persona y el ambiente que motivan la interacción y determinan su forma. A partir de este tipo de análisis, uno puede sacar conclusiones sobre las dimensiones del espacio vital, y este diagnóstico nos permite tener una visión holística y dinámica de la personalidad del cliente.

En tanto que el diagnóstico psiquiátrico de un individuo no cambia —vale decir, es estático—, con un diagnóstico de campo se pueden detectar cambios y desarrollos de la persona y el grupo durante el proceso

[7] Pregnancia (*Prägnanz*). Este mecanismo permite reducir posibles ambigüedades o efectos distorsionadores, buscando siempre la forma más simple y estable; es decir, nos permite ver los elementos como unidades significativas y coherentes. En otras palabras, define y estructura la *figura*, separándola del *fondo*. Es un mecanismo de la mente humana que permite hacerse cargo de la "primera impresión" que nos produce un fenómeno, lo que apela al conocimiento previo almacenado en la memoria y a la economía de procesos: necesitamos tener claridad en el menor tiempo posible para definir una conducta (N. de los T.).

terapéutico (Ruh, 1999). Un análisis de las fuerzas del campo nos da una idea de la *Zusammenhang* (cohesión, Köhler) de las fuerzas dinámicas que actúan en la raíz de cualquier trastorno mental o desarrollo desequilibrado.

Al mismo tiempo, este análisis situacional constituye una poderosa herramienta para elaborar posibles estrategias e intervenciones terapéuticas, ya sea para un cliente individual o un grupo, una comunidad u otras unidades sociales. Por lo tanto, es parte esencial del trabajo terapéutico.

3.6 Un malentendido conduce a un tratamiento errado

El proceso diagnóstico de exploración y el proceso terapéutico de la intervención no se pueden separar el uno del otro. Desde el principio se complementan y se van cruzando en el camino.

Metzger sostiene que un diagnóstico adecuado también significa que podemos entender los aspectos del cliente que él mismo no conoce o no entiende aún, porque, como observadores participantes y parte de la situación, podemos experimentar las facetas de su ser que están corporalizadas y activas en su espacio vital, de las que él no tiene conciencia (1976-1986, p. 89). La situación psicológica actual no sólo incluye los factores y aspectos de los que la persona está consciente, sino que todos los factores que afectan su comportamiento sin tener conciencia de ello y que pueden ser percibidos por los demás.

En ocasiones puede ser útil obviar toda la experiencia del momento y gran parte de la experiencia que constituye figura, y dirigir deliberadamente la atención terapéutica a lo que (momentáneamente) se halla fuera de la conciencia pero que actúa en la situación, aun cuando sea algo que se encuentre fuera del alcance o esté profundamente sumergido (Parlett, 1993, p. 115).

De hecho, el terapeuta invita al cliente a conectar la figura en primer plano con lo que ya existe en el trasfondo. Buscar una nueva esencia de un acontecimiento presente es, por supuesto, cambiar el significado del mismo. En estos retrocesos o reconfiguraciones, tan familiares en la práctica gestalt, el amoblado interno del espacio vital se ordena de otra manera; en una especie de reconfiguración, se presta atención no a la figura que se impone sola, sino a lo que se relaciona con ésta en el trasfondo.

Diagnosticar es mucho más que seguir una serie de pautas. *En primer lugar, y lo más importante, es que se basa en la relación terapéutica.*

Se requiere de una serie de habilidades y actitudes del terapeuta. Éstas incluyen: profunda inmersión empática en la situación del cliente, apertura a las construcciones y experiencias de éste, y gran "sensibilidad a la dinámica que pueda ocurrir entre el terapeuta y el cliente" (Lemma, 1996, p. 39).

El terapeuta busca respuestas a las siguientes preguntas:

¿Qué está ocurriendo *ahora* entre el cliente y yo?

¿Hay un paralelo en las sesiones anteriores con respecto a lo que el cliente está diciendo ahora?

¿De qué manera se refiere a mí el cliente?

¿Cuál es el tipo de comportamiento predilecto del cliente? ¿Yo manifiesto esta conducta o una diferente, posiblemente contraria a la del cliente?

¿Cómo describe el cliente sus experiencias y sentimientos?

¿De qué manera expresa su cuerpo estas experiencias y sentimientos?

¿Qué sensaciones o sentimientos estimula el cliente en mí?

La obtención de datos de la historia de un cliente o de la situación actual no tiene ningún sentido si no se origina en el contexto de la relación cliente-terapeuta en evolución.

Para comprender mejor lo que a primera vista parece ser un comportamiento alterado, el terapeuta debe buscar la intención detrás del mismo.

¿Qué tipo de protección le está brindando?

¿Qué tipo de demanda situacional está usando el cliente y, al mismo tiempo, a qué le teme, ya que se comporta de esta manera?

Para comprender el comportamiento del cliente, en primer lugar tenemos que percibir su mundo tal como *él lo percibe y vivencia*, y sobre todo, debemos entender sus intenciones a través de nuestro cuerpo. Este punto se tratará más detalladamente en el próximo capítulo.

Se puede decir que el terapeuta está incluido en el contexto de la terapia si entiende al cliente convirtiéndose en parte de la situación y, al mismo tiempo, manteniéndose distante de ella. Además, debe estar consciente de sus propias experiencias corporales y utilizar este conocimiento para seguir avanzando con el cliente. Esto es imposible si el terapeuta se deja abstraer por la situación del cliente o si, por otro lado, se aísla de la misma. También es imposible si no está dispuesto a entrar en la situación que experimenta el cliente, sin perder su propia identidad (Buber, 1967, p. 173).

Al observar la situación de su cliente, un terapeuta basado en la teoría gestalt intenta entender los comportamientos y signos propios del cuadro de uno u otro trastorno mental que pertenece a un todo que informa a sus partes. Podemos comprender las manifestaciones de un trastorno específico si las vemos como partes del todo de la relación persona-ambiente. A la luz de esta situación en particular, las señales adoptan la forma de una conducta que tiene una intención positiva y defiende a la persona frente a un entorno invasor. Las perturbaciones pueden verse más o menos como un comportamiento en retirada o un refuerzo de la frontera de contacto.

Los trastornos mentales son trastornos en el más amplio sentido de la palabra. A través de ellos, las personas tratan de ordenar sus experiencias de vida, ansiedades y expectativas, para dar sentido a sus percepciones y controlar su sensibilidad. Estos trastornos perturban la conciencia de las interacciones de las partes del todo y marcan las relaciones recíprocas de la gente y su entorno social. No impiden el contacto, pero sí lo controlan rígidamente, ya que las personas que los padecen temen ser abrumadas por su entorno o aisladas de éste. Por muy extraña que nos parezca la conducta alterada de un cliente, ella cobra sentido cuando la consideramos desde la perspectiva de su función o propósito. Debemos partir de una visión metodológica trascendente de las perturbaciones en su contexto situacional. No es apropiado catalogarlas en base a su supuesta ubicación en la psique. Para ser significativo, el diagnóstico debe situar un trastorno en el contexto del conjunto persona-entorno (PHG, 1951-1994, p. 7); los trastornos mentales son sobre todo perturbaciones en la interacción.

La forma en que se realiza el diagnóstico y el tratamiento con el enfoque gestalt tiene que ajustarse a la visión gestáltica del hombre, el mundo y sus interrelaciones (ver resumen al final del Capítulo 1). En contraste con otros sistemas psicoterapéuticos, en terapia gestalt el diagnóstico ya es terapéutico y la terapia es diagnóstica. Uno no puede estar aislado de la otra.

3.7 Análisis de las fuerzas de la situación

A través del análisis de las fuerzas de campo, Lewin intentó describir con la mayor precisión posible las fuerzas que actúan en una situación. A la fuerza de campo la llamó *Gestalt-Zusammenhang*: un conjunto coherente de dinámicas que operan dentro de un todo y sus componentes. El verdadero diagnóstico consiste en identificar los diversos factores dinámicos pertinentes a una situación psicológica concreta y las formas en que estas dinámicas, en conjunto, dan como resultado un conglomerado de comportamientos que constituyen una perturbación. Por otra parte, la investigación diagnóstica puede proceder en el sentido opuesto: ¿cómo podemos dar sentido a un conjunto particular de conductas rastreándolas a una interacción holística de fuerzas que surgen de la persona y su entorno tal como ella lo vivencia? Por ejemplo, para orientar adecuadamente a un niño, entender su desarrollo y comportamiento y predecirlo, hay que hacer una distinción entre la percepción de la situación por parte del maestro, padre o terapeuta, y la situación debería representarse tal como existe en la experiencia del cliente en un determinado momento en el tiempo (Lewin, 1952).

El diagnóstico es parte del proceso terapéutico precisamente porque el terapeuta desea influir en la situación del cliente, y no sólo entenderla. La mejor prueba de la validez de un diagnóstico es la evolución de la relación entre el terapeuta y su cliente. Por lo tanto, para la situación terapéutica, una comprensión plena de lo que es implica una comprensión plena de las conductas que se están desarrollando, lo que también sirve como indicador de comportamientos que posiblemente van a ocurrir. Para comprender la conducta de una persona, entre otros factores, tenemos que estudiar el estado del individuo en ese momento específico de su historia y las posibilidades de su entorno tal como él las vivencia en ese momento.

3.8 Desde un objeto de estudio a un compañero de investigación: los experimentos en terapia

En una terapia basada en la teoría gestalt, tradicionalmente cimentada en la reciprocidad, no es recomendable realizar un diagnóstico sin la cooperación de las (dos) personas interesadas.

En la situación terapéutica gestalt, el cliente no es un objeto de estudio: más bien, une fuerzas con el terapeuta para explorar su propia situación (Walter, 1996, p. 168). El terapeuta lo insta a establecer las condiciones de las sesiones terapéuticas y trata de involucrarlo en el proceso de observar e identificar los factores que perturban las relaciones con su mundo. Asimismo, el terapeuta propone experimentos que son meros escenarios en que el cliente puede vivenciar los aspectos problemáticos de la situación de la que forma parte.

El valor de los experimentos gestalt en la práctica de la terapia radica en que el terapeuta y el paciente crean juntos una situación que corresponde lo más aproximadamente posible a la vida diaria del paciente, situación que provoca precisamente los comportamientos y formas de relación que desea explorar y comprender. Durante la terapia, el cliente manifiesta con regularidad las conductas de su vida real y sus estilos de relacionamiento (Plaum, 1989, p. 128). Desde luego, el primer y más importante experimento es la relación terapéutica. El terapeuta gestalt se centra en cómo el cliente y él mismo reaccionan entre sí como partes de una interacción en curso, en la que el cliente puede modificar las modalidades de sus interacciones mediante la experimentación. Ambas partes deben elaborar y aceptar en conjunto todas las decisiones importantes que se tomen acerca de las medidas.

El terapeuta no se considera a sí mismo un profesional neutral que sabe algo que su cliente ignora, y quien, desde una posición de "experimentado", impone su punto de vista al cliente.

CAPÍTULO 4

REVISIÓN DE LOS CONCEPTOS DE LA TERAPIA GESTALT

El self *es más que cualquier otro objeto en el campo psicológico. Tiene la cualidad única de ser a la vez sujeto y objeto de la experiencia.*

—S. Asch, 1952, p. 287.

Capítulo 4

REVISIÓN DE LOS CONCEPTOS DE LA TERAPIA GESTALT

La relación del hombre con el mundo es tan profunda que es un error tratar de separarlos. Si lo hacemos, entonces el hombre deja de ser hombre y el mundo de ser mundo.

—Van den Berg, 1955, p. 32.

El sujeto se define por la relación recíproca dinámica entre él y el mundo, ese mundo cuyas fronteras cambian incesantemente, dependiendo de los movimientos del individuo que los realiza. Los objetos adquieren su pleno significado sólo en la medida en que constituyen uno de los polos de la relación diádica dinámica con el sujeto actuante, quien los ejecuta y a su vez conforma el segundo polo de esta relación. Desde el punto de vista de la teoría gestalt acerca del mundo, éste puede caracterizarse como dinámico, relacional e intencional.

Cuando definimos a nuestro cliente como una situación global, esto tiene un impacto en la forma en que conceptualizamos la relación de la persona y el entorno como partes de este todo. Tenemos que reconsiderar los conceptos que usamos con tanta facilidad y asegurarnos de que las formas en que se los emplea se ajusten a los fundamentos de nuestra teoría.

Ahora revisemos los conceptos más utilizados (y mal utilizados) de la teoría y práctica de la terapia gestalt: contacto y alteraciones o interrupciones del contacto. Pero partamos con un aspecto importante del contacto: el darse cuenta o capacidad de darse cuenta[8].

---

[8] *Awareness* se ha traducido también como "conciencia inmediata" o "percatación". Es el conocimiento inmediato e implícito del campo. En 1976 tradujimos el título del libro *Awareness*, de John Stevens, como *El darse cuenta* (N. del E.).

4.1 El darse cuenta de la situación total

El darse cuenta puede definirse como el proceso en curso mediante el cual el cuerpo detecta de manera implícita la situación actual como un todo, que aún no se diferencia de sus partes separadas. Etimológicamente, "darse cuenta" o "estar consciente" se deriva de la expresión anglosajona "*gewaer*" (Rollo May, 1983, p. 29): tener un sentimiento global sobre algo sin saber todavía exactamente lo que es. En Bélgica existe un dialecto flamenco en que la frase *"gewaere zijn"* (ser consciente de algo) aún significa una sensación corporal inmediata e implícita de una situación.

El darse cuenta es una especie de sensación física, pero no mediante una intención: *"La disposition d'accueil que le sensible attend de moi qu'il surgisse, n'est pas empruntée au* je *personnel, mais, au contraire, à un soubassement impersonnel, à une force existentielle et anonyme"* (De Waelhens, 1951, p. 170) (Los datos sensoriales esperan el surgimiento de una actitud receptiva en mí, pero ésta no nace del *yo* personal, sino más bien de un terreno impersonal subyacente, una fuerza existencial y anónima).

Este tipo de "darse cuenta" o "toma de conciencia" no es pasivo ni activo; no es un saber activo, sino más bien una sensación, un estar siendo informado. Perls afirma que el darse cuenta es más difuso que la atención, implica un ambiente más bien relajado que una apercepción tensa (1973, p. 10). Atender es un acto deliberado de concentración; no se basa en un estado de receptividad o de conciencia. Además, uno siempre se está dando cuenta de algo. Este "algo" se refiere a la situación de algún otro. Es algo dado de la situación (PHG, p. 182). No se trata de mí o del entorno, sino de las situaciones hasta ahora indiferenciadas en mí y en ti, yo y el otro, la persona y su ambiente.

El darse cuenta es una suerte de sensación vaga, una aprehensión corporal implícita de mi situación que no puedo precisar con palabras. Darse cuenta no es pensar ni sentir; es más que cualquiera de éstos: es sentir *y* pensar. Es una especie de conocimiento corporal de la situación. La expresión "darse cuenta" denota la sensación corporal de nuestra situación —un sentido de lo que nos interesa, y nos da una idea acerca de la situación y de lo que podría significar para nosotros (Lambrechts, 2003, p. 150).

La terapia le permite al cliente confiar en el cuerpo significante-sintiente. El darse cuenta siempre se relaciona con la situación. Darnos cuenta es impregnarnos de la realidad/actualidad de nuestra situación. Si soy plenamente consciente, entonces puedo representar con palabras la sensación implícita de mi situación. Cuando el darse cuenta se complementa con expresión verbal o cualquier otro tipo de simbolización, entonces "sé". Por lo tanto, la tarea terapéutica no es sólo ayudar al cliente a tomar conciencia de su situación, sino que aún más importante: ayudarlo a captar lo que significa para él darse cuenta.

Terapéuticamente, es fundamental esta transición desde la vaga y difusa conciencia corporal global al conocimiento explícito. Es una especie de despliegue del significado. Gendlin (1992) habla de un "sentido percibido". Sus ideas se pueden resumir así: hay momentos en que un cliente no encuentra palabras para expresar lo que siente. Algo surge del trasfondo brumoso en relación con su situación. El cuerpo percibe la situación total. La persona siente algo diferente a la suma de los datos recogidos por los cinco sentidos; es la interacción del cuerpo sensible que asume el lenguaje y la historia, para luego trascender a ambos. No sólo incluye lo que está ahí, sino que también implica el próximo movimiento para enfrentar una nueva realidad.

4.2 El ello (*id*) de la situación

El darse cuenta es sobre el ello (o *id*, en latín) de la situación (PHG, 1951-1994), informándome acerca de la relación actual entre mi mundo y yo. El "ello" equivale al *"it"* que usa Gendlin. "Ello" expresa el sentido de mi situación que podría llegar a ser explícita si esta conciencia de mi situación se pudiera expresar con palabras. El "ello" incluye muchos otros movimientos alternativos. No existe otro término para representar esta situación de "toma de conciencia implícita de la situación pero sin una conciencia explícita". El "ello" es la manera del cuerpo de vivir su situación todavía no diferenciada en sus partes.

Si pensamos en el cuerpo viviente como capaz de encarnar sucesivamente a las interacciones entre mi entorno y yo, entonces, por supuesto, el cuerpo no es sólo información del ambiente. Como afirma Gendlin (1992), el cuerpo me informa sobre el proceso interactivo que me incluye tanto a mí como a mi entorno y que entendemos como nuestra situación. El cuerpo, por excelencia, está al tanto de toda la situación, y los cuerpos establecen la relación entre la persona y su ambiente (ver Capítulo 5). Este darse cuenta corporal de la situación implica y genera el siguiente movimiento.

El cuerpo viviente es una interacción continua entre el entorno y yo. El cuerpo viviente, en tanto interacción, contiene toda la información sobre la situación que todavía no se puede expresar con palabras. En el momento en que la identificación se puede formular en palabras, dicha información se hace cada vez más explícita.

Ejemplo clínico

Cuando un cliente, pocos minutos después de iniciada la sesión, empieza a hablar de su esposa y le brotan lágrimas, no podemos concluir que ella es quien ha provocado su tristeza. Sólo podemos decir que él siente que su situación es triste. Y, entonces, automáticamente surge la pregunta: ¿qué lo entristeció cuando le explicaba al terapeuta sobre la situación que se producía cuando su esposa y él estaban juntos? Antes de atribuir la tristeza de la situación a un elemento en particular, deberíamos explorar con el cliente el próximo paso. Esta sincronización marca la diferencia, ya que una serie de factores pueden haber causado la tristeza. Por ejemplo, quizás haya llorado al hablar de su esposa debido a que el terapeuta se acercó a él en forma extremadamente atenta y aceptante, pero no se atrevió a sentir o pensar sobre eso en detalle. O puede que, por primera vez, se haya dado cuenta de que estaba locamente enamorado de una compañera de trabajo y se sintió ahogado por la emoción. Otra posibilidad es que le haya estado explicando al terapeuta que últimamente su esposa parecía tensa, nerviosa y estresada, y mientras lo decía, reconoció cuán agotado estaba él mismo.

El darse cuenta de una situación es un conocimiento sentido implícito de una sensación corporal de algo que tiene que ver conmigo. Se puede considerar un aspecto importante del proceso de contacto. No se trata sólo de un saber implícito, sino también de una valoración de la situación tal y como existe para mí en un determinado momento en el tiempo. La sensación del cuerpo me informa, constituyéndose en una clave para mi siguiente movimiento. En el Capítulo 5 volveremos a abordar este importante momento en la praxis de la terapia gestalt.

4.3 Contactar

"Hablamos del organismo contactando el ambiente, pero el contacto es la realidad primera y más sencilla. Es el darse cuenta del campo y la respuesta motora en el campo (...) la formación de una figura de interés sobre el fondo del campo organismo/entorno (...) El contactar, en el sentido más amplio, incluye todo tipo de relaciones vivas que ocurran en la frontera de interacciones entre el organismo y el ambiente. (...) Todo contacto es un ajuste creativo del organismo y su entorno" (PHG, pp. 5-6).

El contactar puede concebirse como un proceso continuo de operaciones entrelazadas, iniciadas a partir de ambas partes de la situación: la persona y el entorno. En un extremo, el sentir de las funciones dadas (el ello de la situación); y en el otro, se forma la interacción adecuada (ajuste creativo mutuo). Por lo tanto, en la totalidad del proceso de contacto, podemos distinguir varias operaciones de partes, cuyo significado funcional está determinado por la unidad situacional de la que son parte. Las operaciones de partes se entrelazan e intercambian. Los teóricos de la Gestalt han mostrado la búsqueda activa del orden y la unidad en el sencillo acto de percibir patrones o pautas en líneas. "Lejos de ser un registro mecánico de elementos sensoriales, la percepción ha demostrado ser una aprehensión verdaderamente creativa de la realidad (...) Toda percepción también es pensamiento, todo razonamiento también es intuición, y toda observación también es invención" (Arnheim, 1954-1974, p. 5).

4.3.1 En la frontera de contacto

El concepto de frontera o límite de contacto es metafórico, vale decir, es una manera de hablar, una forma de expresar el entrelazamiento recíproco del otro y yo, la experiencia de otros como cuerpos y la experiencia de mí mismo como cuerpo. Merleau-Ponty nos da una clave para entender el límite de contacto: la vivencia[9] de mi propio cuerpo y la vivencia del otro son dos aspectos de la misma acción (1945, p. 237). La frontera de contacto se puede considerar una "superficie de separación entre el otro y yo, que también es el lugar de nuestra unión" (Merleau-Ponty, 1964-1968, p. 235).

4.3.2 Un proceso bipolar

Según Goodman (PHG, 1951-1994), el contactar se debiera utilizar para referirse a todo tipo de conductas en todas sus variantes polares y sus opuestos. El proceso de contacto siempre se diferencia en distintas variaciones entre polos de interacción funcionales complementarios. Es muy importante enfatizar que cada variación es contacto. Estas variantes difieren en forma, estilo, motivo, intención, etc., pero todas son procesos de contacto. En PHG, Goodman menciona varias de las actividades de contacto en su funcionalidad polar: aceptar-asimilar y rechazar, acercarse y evitar, encontrarse y alejarse, etc. Se puede elaborar una lista completa de estas formas polares de conducta sin excluir ningún comportamiento como forma de contacto y sin asignar una etiqueta a uno en particular como "buen" contacto y al otro polo opuesto como "mal" contacto, lo que sugiere que este último es interrumpir (PHG, pp. 4-6).

El contacto siempre debe considerarse como un conjunto de acciones polares: abrir-cerrar, involucrar-aislar, separar-unir, retener-dar, conectar-retirar (ver Merleau-Ponty, 1945, p. 247). En el desarrollo infantil vemos una diferenciación progresiva entre el "yo" y el "no-yo". La esencia del contacto es la creciente capacidad de separarse de los otros, mientras que al mismo tiempo él o ella se incluye dentro de la vivencia

[9] En la versión inglesa aparece como "experience". En nuestra opinión, el término "vivencia" refleja la experiencia encarnada (N. de los T.).

(Frank, 2003, p. 182). Cabe destacar que cada vez que se produce el contacto, éste implica un proceso bipolar donde cada uno de los polos en este proceso incluye a su opuesto. La capacidad de unirse, fusionarse, significa la capacidad de separarse, desacoplarse: si puedo desconectarme, también puedo conectarme, etc. Todas las formas de contacto, y sus polos correspondientes, se manifiestan en la interacción persona-mundo, anquilosando o vivificando el contacto, desapareciendo y ocultándose en un contacto fusionado, o desapareciendo y ocultándose en un contacto aislado.

4.3.3 Contactarse: todas las partes están involucradas (crítica al ciclo de contacto)

El proceso de contacto es circular y puede ser iniciado por la persona o cualquier otra parte de su situación. En todos los procesos de contacto operan diversas fuerzas impulsoras. La persona siempre es parte de un todo situacional cuyas coordenadas determinan su comportamiento. El proceso de contacto se induce no sólo a través de alguna unidad interna del organismo; las exigencias del entorno también invitan al contacto. Las fuerzas dinámicas del proceso de formación de la Gestalt "provienen de ambas partes del campo, tanto del organismo como del ambiente" (PHG, p. 182).

Las situaciones en que nos encontramos tienen sus propias características y éstas exigen que las percibamos adecuadamente (Arnheim, 1974, p. 6). No podemos sostener que cualquier cosa que ocurre se origina exclusivamente a partir de los procesos internos del individuo. Tampoco podemos señalar que las acciones de una persona surgen exclusivamente a partir de las fuerzas del entorno. No obstante, como seres humanos, observamos el proceso de contacto principalmente desde la perspectiva del individuo, que parece iniciar el contacto con el ambiente. Sin embargo, la formación de una Gestalt implica algo más que la figura momentánea que aparece en primer plano; la dinámica de estas formaciones organiza continuamente la interacción entre la persona y su entorno de acuerdo con las exigencias del individuo y las de su ambiente, es decir, según las demandas de la situación.

La teoría de la terapia gestalt (PHG) tiene los ingredientes necesarios para desarrollar una sólida definición de la terapia y una metodología igualmente sólida basada en la noción de contacto como el ajuste creativo de una persona y su entorno, los cuales conforman una situación. Es lamentable que, en la posterior conceptualización de la terapia gestalt, se haya perdido completamente esta promisoria idea de Goodman según la cual toda la situación anterior precede al sujeto, y también la idea inspirada en los primeros teóricos de la Gestalt respecto a que el ello pertenece a la situación.

Cuando, en base al modelo del ciclo de contacto (ver más abajo), autores posteriores teorizaron sobre la toma de contacto, implícitamente la consideraron como algo que procede de la persona hacia su entorno y que coge de éste lo que necesita. Los modelos del ciclo, que conceptualizan así el contacto, parten desde la aparición de un deseo, motivación o apetito que se localiza en el sujeto. Esos modelos implican que primero hay un sujeto, luego un entorno y posteriormente una interacción entre ambos. Además, implican que el sistema individual es superior a la situación.

Por consiguiente, se han malgastado muchos esfuerzos en simplificar en exceso las tareas terapéuticas, como si se tratara de la facilitación de un tipo de proceso de contacto formulado normativamente, basado en una motivación dominante del individuo que altera el equilibrio interno del organismo (homeostasis).

4.4 El ciclo de contacto

Ponerse en contacto es un proceso total que, sólo con fines didácticos, se puede dividir en subprocesos secuenciales tales como precontacto, contacto, contacto final y postcontacto. Sorprende leer una declaración del propio Goodman en que divide los procesos de contacto en cuatro etapas: "Obviamente, todo esto es sólo el proceso figura/fondo en sí y (...) no hay necesidad de dignificar las etapas con nombres especiales" (PHG, p. 157).

Los modelos son útiles para explicar las observaciones con una mirada retrospectiva, pero sólo constituyen modos metafóricos de la conceptualización de los asuntos al final del juego en la fase de investigación (Miller, p. 18).

Un modelo que se utiliza ampliamente en la formación de terapeutas gestalt es el ciclo de contacto-retirada (también llamado ciclo de la experiencia, ciclo de la conciencia inmediata, y ciclo de la formación gestalt figura-fondo y ciclo de deformación figura-fondo). El precursor de este proceso es el ciclo del metabolismo, presentado por Fritz Perls en su primer libro, *Ego, hambre y agresión* (1947, 1969). En su forma básica, el ciclo del metabolismo es un ejemplo de un simple modelo de la homeostasis biofisiológica. En él se describe que la interacción organismo-ambiente es impulsada por una sola tendencia dominante para descargar la tensión organísmica causada por un estímulo interno o externo y restablecer el equilibrio inicial (autorregulación).

Perls escribe: "Hemos completado el ciclo de la interdependencia entre los organismos y el entorno. Encontramos:

1. El organismo en reposo.
2. El factor perturbador, que puede ser:
   a) Externo: una exigencia sobre nosotros.
   b) Interno: una necesidad que ha cobrado suficiente impulso como para luchar por la satisfacción.
3. La creación de una imagen o realidad.
4. La respuesta a la situación aspirada:
   a) Una disminución de la tensión.
   b) El retorno al equilibrio organísmico" (pp. 44-45; p. 69).

Luego Perls dice: "Este círculo permite captar uno de los fenómenos más importantes: la realidad de la autorregulación organísmica" (p. 45). "Para lograr el equilibrio organísmico existe un ciclo, al que hemos denominado metabolismo organismo/mundo" (p. 69). Según este modelo, la interdependencia entre un organismo y su entorno se reduce a un metabolismo alterado o un equilibrio intraorganísmico perturbado. Es obvio que el tipo de interacciones organismo-ambiente que Perls tenía en mente es de naturaleza biofisiológica mecanicista.

En PHG, Goodman desarrolla el modelo metabólico de Perls, esquematizando el proceso de contacto en cuatro etapas sucesivas: precontacto, contacto, contacto final y postcontacto. Para Goodman, el proceso de contacto es un proceso gestaltizador en que las figuras surgen y se alejan perpetuamente. Contactar se refiere al proceso recursivo de construir totalidades significativas (Gestalts) de experiencias.

En mi opinión, las cuatro etapas del contacto descritas por Goodman detallan el proceso secuencial de formación y deformación de Gestalts, las etapas del proceso en que se gestaltiza la interacción persona-ambiente. Este proceso se caracteriza por ajustes creativos o puede desplegarse de manera más o menos automática (en hábitos, costumbres, rituales, etc.). En el Capítulo 1 destaqué que la necesidad individual no es forzosamente la que organiza la situación. La conducta de una persona es iniciada tanto por las fuerzas que surgen de las exigencias de la situación como por las fuerzas egocéntricas dentro del individuo.

El ciclo de contacto desarrollado posteriormente en Cleveland se equivoca medio a medio: en vez de representar los aspectos diferenciados del proceso de gestaltizar (una organización continua de la interacción organismo-ambiente), describe en forma normativa e inexacta que los procesos de contacto son iniciados por un individuo sensible ante una necesidad que concluye con el retiro del contacto en curso. En terapia gestalt, la teorización acerca de las interrupciones del límite de contacto presenta un problema general: refleja una perspectiva monopersonal en lugar de una perspectiva relacional sobre una secuencia de interacciones (Jacobs, *ibíd.*, p. 141, nota 3).

Esta desafortunada concepción del ciclo de contacto ha tenido un impacto muy negativo en las bases teóricas de la práctica gestáltica y, en consecuencia, en ésta:

- Refuerza la tendencia ya existente: ver al individuo como la fuente inicial de todo contacto y no prestar atención a las características de las demandas del entorno.

- Ignora que la situación, como una unidad dinámica, precede a la diferenciación de sus partes (las personas y el mundo) y fomenta una descontextualización de las interacciones de las partes.
- Impide que sus practicantes vean que son parte de la situación total y, por lo tanto, corresponsables de la relación que el cliente desarrolla con ellos.
- Pasa por alto el carácter interactivo de cada formación gestalt y deja de lado la influencia de las fuerzas del entorno.
- Refuerza la tendencia a localizar las perturbaciones e interrupciones del ajuste creativo dentro de la persona.
- Grava al cliente con una sensación de responsabilidad por lo que anda mal en el contacto.
- Se contrapone al enfoque teórico de campo, que considera el comportamiento como una función de la situación total.

El ciclo de contacto bosqueja "la historia de vida de un impulso o deseo de aislamiento" (Wheeler, 2003, p. 165), y en particular esquematiza un ciclo a partir del momento en que se sintió el impulso en el primer plano, hasta que disminuye a un segundo plano y da paso a otro impulso. Se trata de una presentación de las llamadas etapas normales del flujo organísmico sano (homeostático) desde un punto de reposo al siguiente. Convendría tener en cuenta que el ciclo de contacto es un modelo; en este sentido, Stemberger (2002, b, p. 134) se refiere a una observación pertinente: un modelo es tan bueno como los hechos en que se sustenta y en la medida en que refleja los fenómenos en que se construye para explicarlos.

Goldstein (1934, 1995) señala que los seres vivos no son impulsados exclusivamente por la reducción de la tensión y el restablecimiento de la tranquilidad y el descanso. Con frecuencia, la ley de mantener el estado existente —la autoconservación— se considera la ley básica de la vida (...) La vida normal tiende a la actividad y el progreso (p. 162). "En condiciones normales, la motivación del comportamiento humano no es reducir la tensión, sino desafiarse a sí mismo aumentándola".

Arnheim (1974) llegó a la misma conclusión: "No hay que olvidar que el equilibrio es el estado de distribución en que toda acción tiene que llegar a una detención. El hombre lucha por lograr el equilibrio en todas las fases de su existencia física y mental, y esta misma tendencia se puede observar no sólo en la vida orgánica sino también en los sistemas físicos" (p. 37).

Efectivamente, muchos psicólogos afirman que la búsqueda de equilibrio es la principal motivación del organismo para emprender acciones que exijan el mínimo de energía posible, y cuyo objetivo es restablecer la estabilidad después que ha sido alterada por un factor interno o externo. Sin embargo, para Arnheim y Goldstein (1935-1995), la búsqueda de equilibrio no basta para describir las tendencias controladoras en la motivación humana: "Si imaginamos que el organismo humano se asemeja a una laguna estancada, acabamos con una concepción unilateral intolerablemente estática, estimulada a activarse sólo cuando un guijarro perturba la tranquilidad equilibrada de su superficie, limitando su actividad al restablecimiento de esa tranquilidad" (Arnheim, *op. cit.*, p. 37).

La mayoría de los modelos del ciclo de contacto parecen dar a entender que el único lugar importante donde buscar la dinámica de conducción del comportamiento humano es "dentro" de la persona. Este esquema no cumple con lo que se pretendía: servir de herramienta para comprender mejor las interacciones persona-mundo; y entonces se convierte en una imagen prescriptiva, normativa y reductora de lo que debería ser un contacto ideal.

"No se trata de negar la importancia del equilibrio", dijo Arnheim. "El equilibrio sigue siendo el objetivo final de cualquier deseo a cumplir, de cualquier tarea a realizar, de cualquier problema a resolver. Pero la carrera no se corre para el momento de la victoria. (...) Sólo si consideramos la interacción entre la fuerza vital energética y la tendencia al equilibrio, podemos lograr una concepción más completa de la dinámica que activa la mente humana y que se refleja en los productos de la mente" (*op. cit.*, p. 37).

En un enfoque que toma como punto de partida la situación, uno tiende a considerar, en primer lugar, la totalidad de una situación específica, aún no separada en persona y entorno como partes. Metodológicamente, este enfoque, basado como está en la situación global, evita responsabilizar al cliente de iniciar un proceso de contacto no terapéutico que interfiera con la terapia. Cabe señalar que atribuir tal acción al cliente equivale a producir victimización y culpabilidad (Robine, 2003).

En cada circunstancia, la situación, y no la necesidad individual, es la que domina y organiza la situación en el primer plano y en el trasfondo. La práctica de la terapia gestalt se centra en cómo el paciente interfiere con el proceso de autoorganización de una situación cuando la ansiedad y las necesidades de seguridad entran en conflicto con las necesidades de desarrollo y no se dispone de suficiente apoyo para cumplir la tarea que exige la situación.

En esta parte de la teoría de la terapia gestalt es donde Goodman (PHG, 1951-1994) se quedó atascado en un lenguaje dualista, individualista e intrapsíquico, incompatible con el punto de vista fenomenológico, el campo teórico relacional que se describe en el primer capítulo de PHG. De hecho, con este lenguaje, inadvertidamente restableció la tradicional separación entre la persona y el mundo.

La perspectiva individualista describe de diversas maneras a una persona, ya sea como “resistente”, “reacia”, “evitativa” o “repetitiva”. Al tomar en cuenta el ambiente, la perspectiva que se obtiene al ver a las personas y las cosas como partes de una situación total, alivia al cliente de la carga de la culpa implícita. Contenerse se considera un signo de falta de apoyo en la situación, y no es un problema puramente individual. Negarse a comer y apartar la cuchara que la madre intenta forzar en la boca de su bebé, se convierte en un acto de ajuste creativo en un contacto regido por intereses en ese instante en conflicto (madre-hijo).

En los cursos de formación gestáltica en todo el mundo se presta más atención a la representación esquemática del proceso de contacto (como el ciclo de contacto-retirada) desarrollado posteriormente, que a los grandes esfuerzos de Goodman en los primeros capítulos de PHG por describir una teoría coherente de la terapia en términos de la teoría de campo en que las personas y el mundo se definen como dos polos de un campo relacional.

Es lamentable que, en algunas conceptualizaciones posteriores de la terapia gestalt, tantos autores hayan optado por una visión biológica mecanicista extrema de la relación interdependiente entre la persona y el mundo, impregnando de esta concepción errónea fundamental tanto la teoría como la práctica de la terapia gestalt.

El uso del ciclo de contacto/retirada no facilita la comprensión de la dinámica de la persona en el mundo, ni del proceso de contacto con la situación de una persona y su mundo. En cambio, profesores y estudiantes lo utilizan cada vez más como malla para clasificar los procesos de contacto y sus alteraciones. Además, eso invita a la gente a idealizar el "contacto" como una entidad pura y teórica (Wheeler, 1991, p. 113).

Por ejemplo, la autointerferencia del flujo normal se describe como un "ciclo malsano". El uso de las expresiones "ciclo malsano" (ver Hall, 1976) o "ciclo sano" (ver Clarkson, 1989) ya es inadmisible desde el punto de vista fenomenológico. Un ciclo es sólo una herramienta descriptiva, y una herramienta no puede ser sana o malsana. Tampoco puede decirse que una persona interrumpe el flujo normal de un ciclo "sano": la norma no es el ciclo. Por otra parte, se puede decir que un contacto es una "norma" o "lo normal", aunque una palabra más adecuada sería "adaptativo", si cumple con las exigencias de la situación total. Salvo en este sentido, las nociones de normalidad y norma no son aplicables. Aquí vemos cómo un modelo, que sólo se entiende como un medio para comprender un proceso dinámico, puede confundirse con el proceso en sí.

Goodman (en PHG, p. 229) manifiesta un desafío importante en psicoterapia: obviamente, es deseable tener una terapia que establezca lo menos posible una norma y que a la vez procure obtener lo más posible a partir de la estructura de la situación actual, en el aquí y ahora; el llamado ciclo de contacto-retirada invita al terapeuta a considerar el contacto como una figura sin relación con el fondo total. Así, se olvida que cada figura emerge de un fondo, de un contexto, y que es una mera configuración momentánea de un campo más amplio.

4.5 Perturbaciones del contacto frente a la libertad para interactuar

Cuando Goodman escribe sobre la interrupción, se está refiriendo a la interacción entre la persona y el mundo. Lo que está interrumpido es el proceso continuo y recurrente de inventar, momento a momento, la relación entre ambos, un proceso en que se busca la mejor forma de gestaltear sus intereses en común. A mi juicio, Goodman no se refiere a cualquier tipo de interrupción o abandono del contacto. Probablemente, la frase más contaminada de la práctica terapéutica gestalt sea "el cliente está perdiendo contacto".

Goodman plantea que los mecanismos del llamado comportamiento neurótico pueden ser vistos como "etapas de ajuste creativo en que se interrumpe la excitación" (PHG, p. 228). La angustia interrumpe la emoción que surge de la novedad. En estas circunstancias, el ajuste creativo de la persona y el entorno es interferido o impedido por mecanismos de contacto fijos habituales, o inhibido por las formas de contacto. El proceso de formación de Gestalts se rigidiza y petrifica, y por lo tanto, cada vez puede adaptarse menos a situaciones nuevas. Si lo pensamos bien, incluso la llamada "situación inconclusa" es nueva cada vez. Es "inconclusa" debido a que aún no se ha encontrado la necesidad para desarrollar esta situación. A causa de una deficiencia del contacto persona-entorno, el cliente todavía no está capacitado para resolver o enfrentar la situación en conformidad con la interacción persona-ambiente.

En consecuencia, los intentos de lidiar con la novedad perturban el proceso de ajuste creativo. La terapia gestalt está comprometida en acrecentar la libertad para ejercer una forma de contacto con el medio que satisfaga mejor las exigencias de la situación actual, una libertad que no está presente en las respuestas de los clientes, dominados como están por una fijación en la situación.

Podemos observar que esta libertad también está ausente en la situación terapéutica: para evitar, al menos inicialmente, enfrentarse a las dificultades de su situación, el cliente se contacta con alguien que llegará a ser un otro significativo en su entorno (el terapeuta). Al mismo tiempo, este otro significativo se contacta con el cliente de una manera inesperada; para él, las respuestas terapéuticas hacen que sea menos significativo recurrir a los mecanismos de seguridad que ha utilizado en el pasado. Sin embargo, estas respuestas se aferran ansiosamente a la seguridad, lo que impide que el cliente tome conciencia de lo que la situación le obliga a realizar. La ansiedad interrumpe el deseo de conocer lo nuevo y apaga o incluso adelanta las acciones dirigiéndose a otros elementos situacionales.

En este momento, Goodman presenta su tipología de los mecanismos neuróticos. No se trata de una tipología de las personas, dice, pero al mismo tiempo se pregunta cómo utilizar esta abstracción sin perder la capacidad de actualidad y continuidad de la vida, y sin imponer un patrón de evaluación que apoye las potencialidades de la situación total (PHG, p. 230 y ss.).

4.5.1 Las soluciones intentadas

Para subrayar la importancia del error en la organización de la situación, Goodman formula tres veces la misma pregunta: "¿Cuándo, en qué punto, empiezo a *no resolver* el problema?" (PHG, 1951-1994, pp. 228, 230, 245). En el mismo capítulo intenta explicar los mecanismos neuróticos como *formas erradas de ponerse en contacto* con la situación actual. ¿Dónde se está desconectando el cliente del flujo de contacto en el curso de su situación y derivándolo hacia otra ruta mediante otra forma de contacto?

La situación terapéutica es "un ejemplo de toda la realidad que alguna vez fue o será" (PHG, p. 229). La misma situación terapéutica se presta para destacar los problemas que el cliente (y el terapeuta) encuentra en cada esfera de la vida. El diagnóstico y la terapia son el mismo proceso (p. 230).

El terapeuta observa en qué punto no se está tratando en forma satisfactoria la situación, apoya al cliente en medio de su problema y facilita la aparición consciente de las exigencias de la situación. El cliente se encuentra al centro de sus dificultades, debido a que las soluciones habituales (conductas) ya no son (o tal vez nunca han sido) las adecuadas. Goodman sostiene que es muy importante tener presente que todos los mecanismos que el cliente despliega para superar sus dificultades debieran ser valorados como un intento de organizar su vida. Cada comportamiento orientado-a-la-solución debe ser visto como un ajuste creativo al temor, ansiedad y frustración que experimenta el cliente en respuesta a su incapacidad para enfrentar con eficacia sus problemas.

Wheeler critica severamente la conceptualización que hace Goodman donde el contacto se plantea como el polo opuesto, consistente en diversas resistencias al contacto, distintas defensas en contra del contacto o diferentes interrupciones del contacto. Por el contrario, él ve las llamadas defensas como formas de contacto actuales (1991, p. 116). Son medios a disposición de los clientes en sus esfuerzos por organizar las interacciones persona-entorno. Se han adquirido en situaciones anteriores y constituyen "formas de contacto utilizadas habitualmente" (Ferguson y O'Neil, 2001, p. 91). Apoyan los intercambios de las personas y el entorno en la medida en que facilitan el cumplimiento de las exigencias para el desarrollo de la situación.

Las resistencias no se oponen al contacto; por el contrario, son formas de mantenerlo. La distorsión del proceso de contacto no se debe a la introducción de una "resistencia en un proceso de contacto de otra manera puro y descontaminado; más bien, se trata del subdesarrollo de la dinámica de contacto funcional de uno de los polos de contacto y el correspondiente desarrollo excesivo de la otra" (Wheeler, 1991, p. 112). Tal distorsión surge también en la medida en que la modalidad de la resistencia en cuestión es interferida por el ir y venir entre ambos polos.

En su estilo sucinto, Laura Perls lo resume así: "Las funciones de contacto se convierten en funciones de apoyo si es que facilitan o en funciones de resistencia si es que bloquean el contacto deseado o necesario" (L. Perls, 1992, p. 85). En una entrevista con Daniel Rosenblatt, subrayó la importancia de considerar la resistencia como *asistencia* para algo. ¿Cuál es la función, en el presente, de la conducta resistente? ¿Qué hace o hizo para usted en una ocasión y ya no hace más? ¿Cuál es el propósito de este modo de contactar? (L. Perls, 1992, p. 11).

En este sentido, las alteraciones del contacto están siempre a disposición del cliente para organizar sus relaciones persona-entorno.

4.5.2 Resistir es contactar

En la práctica, los terapeutas gestalt suelen trabajar con un paciente como si los procesos de contacto purificados, independientes del contexto, fuesen algo alcanzable. Desde esa perspectiva, si su tipo de contacto no posee todas las cualidades de un "buen" contacto, el paciente evita contactarse con el terapeuta (los terapeutas a menudo presumen saber qué es un buen contacto). Se debe tener presente que todo lo que ocurre en la situación terapéutica es un ajuste creativo entre ambas partes. Este ajuste es la mejor creación posible en esa situación y en ese momento, considerando los apoyos en el campo (obviamente, estos apoyos incluyen la historia relacional, las habilidades emocionales y las configuraciones [figura-fondo] fijas tanto del terapeuta como del cliente).

En la literatura sobre terapia gestalt a menudo leemos que proyectar, introyectar, retroflectar, deflectar, etc., no son mecanismos obligatoriamente malsanos o neuróticos. No sería necesario decir esto si los autores gestálticos u otros gestaltistas importantes no tendieran a considerarlos "incorrectos". Cuando decimos que un cliente ha interrumpido su contacto, estamos dando a entender que lo que ha hecho no está bien (Jacobs, 2002). Tendemos a ver los mecanismos de contacto como maneras de mantener el contacto en situaciones difíciles. Al limitar el posible significado de una situación, al experimentar la situación desde un punto de vista estático, el individuo disminuye sus posibilidades y oportunidades de interacción para que se produzca el ajuste creativo. Así, el límite que él pone a las posibilidades de la situación se puede considerar esencialmente una forma de protegerse de lo que él percibe como su incapacidad para enfrentar las condiciones de su situación.

Sin embargo, todas las formas de contacto se pueden desplegar al servicio de la protección. Podemos ver, oír, saborear y sentir para evitar tomar conciencia de las cosas que no queremos ver, oír, saborear y sentir. Podemos utilizar el lenguaje para no expresar pensamientos y sentimientos que no deseamos expresar y de los cuales no queremos tomar conciencia al expresarlos.

4.5.3 Preparar el contacto necesario

Para Van Dantzig, psicoanalista holandés y terapeuta gestalt de primera generación, la pregunta es: "¿Qué está protegiendo y al mismo tiempo queriendo expresar el cliente?" (1990). Afirmó que la fortaleza de la terapia gestalt es que se centra en la necesidad que está siendo evitada mediante la reorganización del proceso de evitación, de tal manera que el cliente se dé cuenta (percate) de aquello que está evitando y logre vivenciar el contacto que ha reprimido. En otras palabras, evitar es al mismo tiempo preparar la situación para el tipo de contacto que se necesita.

Las llamadas evitaciones son formas tentativas de ajustes persona-mundo. Constituyen soluciones tentativas a los problemas de desadaptación. Lynne Jacobs es muy clara en su crítica a la utilización del término "interrupciones": un problema generalizado en la teorización gestalt sobre las evitaciones, interrupciones, etc., del contacto "es que refleja una perspectiva unipersonal en lugar de una perspectiva relacional" (2003, pp. 141-142) dentro de un conjunto de interacciones persona-mundo.

Una segunda crítica que hace es que la noción de evitación presupone un determinado tipo y calidad de contacto como el "correcto" para el momento. En la visión individualista, una persona puede describirse como a la defensiva, reticente, resistente o estructurada, pero desde una perspectiva situacional, relacional, que toma en cuenta el entorno, la persona no dispone de suficiente apoyo en la situación como para arriesgarse a dar el próximo paso de desarrollo enfrentando la novedad, interpretada ésta como un desafío. Al etiquetar la conducta personal como defensiva, responsabilizamos al individuo como la única fuerza responsable (Parlett, 1995); al hacerlo, ignoramos al entorno y a las personas que se encuentran en él, incluyendo al terapeuta.

4.5.4 Llamar a una cosa por lo que no es

Hoy en día, etiquetar el comportamiento de alguien como proyector, introyector, retroflector, etc., se considera cada vez más como algo no alineado con el campo teórico gestalt, algo reñido con el enfoque situacional que presento en este libro. Esta manía de rotular se manifiesta en la peor forma posible cuando se llega a la etapa de la personificación: el cliente deja de proyectar, se convierte en un "proyector", "introyector", "retroflector", etc. (ver PHG, pp. 233-236; Perls, 1973, p. 37). La primera objeción a esta práctica es que se fija al cliente en un polo, de modo que se le culpa por apegarse a éste. En segundo lugar, se juzga al cliente desde la posición de un extraño alienado, como si la conducta del terapeuta no tuviera nada que ver con la situación de la que de hecho forma parte. Por ejemplo, en vez de "transferenciar", es probable que el cliente esté percibiendo en el terapeuta un rasgo que se asemeje más o menos objetivamente a un rasgo destructivo de uno de sus padres. ¿Y entonces qué ocurre con la responsabilidad del terapeuta en la situación terapéutica? En tercer lugar, los problemas del cliente son vistos de manera unilateral como trastornos neuróticos de límites, y no como diversas posibilidades multifacéticas de encuentro con la novedad.

Perls (1973) define este tipo de problemas como trastornos neuróticos que surgen de la incapacidad del individuo para mantener un equilibrio adecuado entre el resto del mundo y él. Algunas páginas antes, Perls había expresado una visión holística y la postura de la teoría de campo cuando afirma que el individuo es parte de un campo relacional y define su conducta en función del campo total. Aquí destaca que el concepto de frontera de contacto significa alejarse de los caminos de la psicología más antigua, los cuales dividen las experiencias del individuo en internas y externas, lo que inevitablemente da lugar a la cuestión indisoluble de si el comportamiento de las personas está controlado por fuerzas internas o externas.

En esta descripción de los cuatro mecanismos neuróticos de las perturbaciones de la frontera, Perls (1973) abandona el concepto de campo. En el Capítulo 15 de PHG, podemos ver la misma confusión. La introyección internaliza lo que supuestamente debiera quedar afuera; el límite entre nosotros y el resto del mundo está tan adentro que casi no queda nada de nosotros. La proyección pone en el exterior lo que está en el interior. La retroflexión me hace a mí lo que me gustaría hacerle al otro. La fusión es perderme en el no-yo (y el no-yo en el yo).

El contacto no es algo en uno que esté en contacto o fuera de contacto, sino una actividad, *lo que uno hace*, vale decir, un ser-comportándose (L. Perls, 1992, p. 168). Si uno realmente se contacta con otra persona, no le dice: "Ahora estoy en contacto contigo"; más bien, uno se presenta (ofrece) al otro y lo confronta. Lo mira y le habla como una otredad y se arriesga a ser diferente y rechazado. Desde luego, un individuo puede estar "fuera de contacto" o no tener conciencia de ciertas partes del ambiente. Asimismo, las características del entorno pueden estar fuera de la visión y de la conciencia inmediata de una persona (Wheeler, 1991, p. 112).

De hecho, en una situación determinada, es imposible interrumpir el proceso de contacto. Por otra parte, un individuo puede alejarse de la situación ya sea en su fantasía o físicamente (Wertheimer, Lewin, 1952, p. 267). Alejarse en el momento en que se hace es la mejor manera que tiene la persona de enfrentar las exigencias de la situación. Las denominadas interrupciones del contacto no son en absoluto interrupciones. Muy por el contrario, son mecanismos para mantener el contacto. Mehrgardt (1997) hizo una interesante observación al respecto: *"Es ist der Betrachter selbst der die Unterbrechung des Kontakts generiert"* (p. 28) (En este caso, el propio terapeuta es quien interrumpe el contacto). La interpretación sobre la interrupción del contacto es siempre un juicio de valor personal acerca del otro individuo involucrado, quien con toda seguridad hubiera preferido otra forma de contacto y ahora está frustrado porque no puede lograrlo.

Y así es como el terapeuta puede perturbar el contacto, especialmente cuando no acompaña de cerca al cliente y no está dispuesto a esperar y ver lo que surge de éste como figura sobre el fondo, y en cambio se impone a sí mismo como figura en el proceso terapéutico. Es muy probable que, desde el punto de vista del cliente, el comportamiento que el terapeuta considera una interrupción del contacto signifique sencillamente el mantenimiento o restablecimiento de otro aspecto esencial del contacto. Mehrgardt recomienda prudencia al respecto: el terapeuta puede unilateralmente, sin percatarse de su influencia, interrumpir una función de contacto muy importante del cliente (1997, p. 41).

La labor de un terapeuta gestalt es establecer un clima propicio para la expansión del ámbito de las posibles vivencias y significados, más que mostrarle al cliente que sus construcciones de la realidad son inadecuadas o erradas. Gracias a textos de Jacobs (1995, 2002), estoy convencido de que en la terapia no hay que centrarse en las perturbaciones sino en la intención de satisfacer una necesidad de desarrollo. En este sentido, afirma: "La manera más eficaz de trabajar con las alteraciones de los límites *no* es etiquetar y explorar el trastorno, sino que *introducirme de lleno* en la visión de las cosas del paciente que dio lugar a lo que yo percibí como un trastorno de la frontera. Si puedo entender la necesidad que se ha expresado, el paciente afianzará con mayor claridad los límites como el próximo paso en el desarrollo" (1995, p. 156; cursivas en el original). Cuando permito que se exprese una necesidad y la confirmo, aumenta la conciencia de la necesidad y el proceso de crecimiento, es decir, se reanuda el desarrollo y *diversificación* de la capacidad de respuesta del cliente.

Las perturbaciones en la frontera de contacto son ciertamente ajustes, pero éstos se presentan en las personas que, luego de recurrir a las operaciones de seguridad, han perdido la capacidad de ajuste creativo en su intento de satisfacer una necesidad importante. Además, no es difícil que estos intentos, considerados ingenuamente, nos impresionen como anormales y torpes. Sin embargo, un examen más profundo revela que la función de estas alteraciones es dejar en espera una tarea del desarrollo hasta que la persona y su entorno estén en condiciones de generar el tipo de contacto necesario para restablecer el desarrollo requerido. Los numerosos esfuerzos tentativos en esta empresa pueden considerarse provechosamente como preparativos para un gran final. En consecuencia, nuestra atención debería centrarse en la tarea para la cual el cliente se está preparando, y no en el "surco" donde él y su ambiente se han quedado atascados.

Como sabemos, y según la ley de la Pregnancia (*Prägnanz*) (Wertheimer, Koffka, Köhler y Goldstein), una situación se organiza de la mejor manera posible dentro de sus límites. Las necesidades y tareas de desarrollo son algunos de los elementos organizadores de situaciones más importantes (Lewin, 1952, p. 273). Actúan como Gestalts, apremiando para su conclusión. Los terapeutas deben concentrarse en estas necesidades para que puedan ser expresadas, aceptadas y satisfechas.

Es imposible interrumpir el contacto cuando permanecemos quietos y en el mismo lugar, pero podemos salirnos literalmente de una situación alejándonos o prestando atención en una nueva situación. Una persona no se contacta con el ambiente, pues ambos son partes intercontactantes de la situación total. No existe ningún sistema o ser humano que no esté en contacto con el entorno. Tampoco podemos hablar de resistencias al contacto o interrupciones del contacto, sino de modos de organización de la interacción de la persona y facetas de su entorno. La implementación de estos modos no es otra cosa que contactar (Wheeler, 1991, p. 113). Un contacto no se puede distinguir de su interrupción (Bloom, 2001, p. 40).

Una persona puede interrumpir o evitar un comportamiento determinado contactándose con otra cosa, pero sigue estando en contacto con el entorno. Así, cuando deja de mirarme y hablarme y me da la espalda, no está interrumpiendo su contacto conmigo, sino que se está contactando de otra manera, de un modo que le conviene más a él que a mí. De hecho, las acciones de los clientes son conductas de retroceso o respaldo. A través de ellas, en realidad se preparan para su próximo contacto conmigo. En una determinada situación en curso, cuando una persona percibe a otra como interrumpiendo el contacto, esta percepción es puramente egocéntrica.

4.5.5 Llamar a las cosas por su nombre

Cuando un terapeuta sostiene que su cliente está interrumpiendo el contacto, de hecho está juzgando negativamente su comportamiento. El cliente no está operando el tipo de contacto que el terapeuta quisiera. Éste evalúa el contacto en comparación con su ideal de contacto y, a la luz de esta comparación, rechaza y denigra a su cliente (Van den Berg, 1955, p. 37): el paciente adolece de demasiado de esto o muy poco de aquello; está desintegrado; es un desastre proyectivo, retroflectivo o introyectivo, mientras que los terapeutas, quienes por definición son psicológicamente sanos, recurren a estos mecanismos sólo en casos extremos.

Al pensar así, olvidamos que los clientes son parte de la situación. En otras palabras, corremos el riesgo de descontextualizar la conducta del paciente y de hecho sin siquiera percatarnos de la relación que con esmero y esfuerzo hemos construido juntos, dando forma a cualquier tipo de contacto que haya sido posible. Con nuestra actitud, negamos el serio intento que ha hecho el cliente de presentarse ante nosotros de la única forma que su experiencia de vida, hasta el momento, le ha enseñado a presentarse. No tenemos derecho a considerar nuestras percepciones, interpretaciones o construcciones como "más verdaderas" que las de nuestros clientes (Van den Berg, 1955, p. 36; Thomas, 1999). Sería más acertado describir las llamadas defensas del cliente como la mejor manera posible en que las interacciones organismo-ambiente se forman bajo las condiciones del momento en vista de las características de la persona y su entorno. Cuando veamos la resistencia como *asistencia* (L. Perls, 1992), apoyo u operaciones de seguridad, podremos comprender que dichos mecanismos pretenden ser soluciones y entonces estaremos en condiciones de ayudar al cliente a inventar soluciones eficaces.

4.6 Apoyo: el autoapoyo frente al apoyo ambiental

En la teoría de la terapia gestalt, el apoyo es otra idea central que también ha suscitado actitudes ambivalentes entre los profesionales de la escuela. En un modelo individualista del sí mismo, en que la autonomía se suele considerar un ideal del desarrollo, el apoyo se concibe como una debilidad y regresivo (Wheeler, 2003, p. 173).

El propio Fritz Perls creía que la necesidad de apoyo era algo pueril y señal de inmadurez, por lo que intentaba que sus clientes fuesen autosuficientes, definiendo la autonomía como resultado de una transición desde el apoyo de los otros al autoapoyo. En su último libro (1973) afirmó lo siguiente: "La situación inconclusa —el fracaso del desarrollo del apoyo ambiental para la autosuficiencia— es la herencia de un pasado que se mantiene en el presente" (p. 57) y "Si el terapeuta brinda apoyo ambiental al paciente —es decir, apoya su necesidad de transferencia—, sólo le hace el juego a su neurosis" (p. 59).

Al sostener este punto de vista, Perls pasa por alto el hecho de que *nada puede suceder* sin el apoyo suficiente (tanto de uno mismo como del entorno). En particular, ignora que una persona no puede satisfacer las demandas del desarrollo y realizar las tareas propias de una situación si no cuenta con al menos algún apoyo de los demás. La falta de apoyo está en el centro de todos los procesos problemáticos que la terapia gestalt describe como perturbaciones del contacto o interrupciones de la frontera. Cabe tener presente que la ansiedad es el principal afecto asociado con la falta de apoyo (Yontef, 1996, p. 368; L. Perls, 1992).

Laura Perls fue quien destacó que sólo se puede enfrentar al no-yo y la novedad cuando se dispone de ese apoyo y es suficiente y adecuado para tal emprendimiento (L. Perls, 1992, pp. 144, 132, 152). Dicho apoyo constituye el fondo total de la forma figural de un contacto en particular, por ejemplo, todos los hábitos que la persona ha adquirido a lo largo de su vida son parte de ese fondo. El apoyo es todo aquello que facilita la asimilación o integración de lo que se pone en contacto y de lo que percibimos como diferente.

Cualquier falta de apoyo necesaria para contactarse con el entorno será vivenciada en forma de ansiedad (L. Perls, p. 154). Las personas que van a terapia, la gente que la necesita, están agobiadas por su ansiedad y angustia, y carecen del apoyo para el tipo de contacto necesario o conveniente para enfrentar la situación en que se encuentran (L. Perls, 1992, p. 154).

El apoyo de todo el campo (vale decir, el autoapoyo y el apoyo ambiental) es lo que nos energiza y permite el cambio, y la falta o restricción del apoyo es lo que perpetúa un antiguo patrón, una organización anterior del campo (Wheeler, 2000, p. 218). No puede haber progreso sin el respaldo necesario (ver Capítulo 6).

4.7 El *self*: un fenómeno relacional situado en el límite de contacto

El "*self*" es uno de los principales conceptos que se deben definir urgentemente con mayor precisión y analizar en un lenguaje sencillo y cotidiano. Este término significa tantos aspectos diferentes de un ser humano como escuelas o enfoques psicológicos hay. Se convirtió en un concepto más abstracto y misterioso desde el momento en que se escribió con "S" mayúscula.

La vivencia del *self* surge como resultado de las interacciones persona-mundo, y no como una función ejecutiva eficaz de tales interacciones. El fenómeno del *self* se puede definir como el continuo "yo-en-relación-con-mi-mundo", en contraposición a los "elementos no-yo" de mi situación. Yo mismo soy parte de tal o cual situación. Muchos autores sustituyen los términos "persona" y "mundo" por "*self*" y "otro". Este par de palabras también se puede reemplazar con los pronombres personales "yo" y "no-yo", que conforman un todo significativo consistente en interrelaciones, una totalidad que se puede llamar la situación de vida. Yo y no-yo también se pueden expresar en términos más comunes tales como yo y otros, yo y ustedes.

*4.7.1 Hacia una desmitificación del "*Self*"*

Desde una perspectiva de la situación global, no necesitamos un concepto del "*Self*" como una entidad *dentro* de la persona. Ese *self* me aísla de mi entorno, y por lo tanto, es un término inexacto (Lee, 2002, p. 35). La palabra "*self*" destaca la polaridad individual de la situación, y el término "entorno" resalta la otra polaridad. Cuando hablo de mí mismo, me refiero a mí en la integración con el no-yo. El peligro de un concepto como el *self* es que sugiere una entidad dentro de mí que es idéntica a lo largo del tiempo (mi identidad), mientras que nosotros estamos cambiando continuamente. Luego, este *self* se convierte en un homúnculo, un pequeño hombrecito en mi interior, una reificación de un proceso que se relaciona íntimamente con los aspectos personales de mi situación. Sin embargo, el término "yo" sólo se refiere a la polaridad individual del campo relacional persona-en-el-mundo.

En primer lugar, la teoría de la terapia gestalt estipula que no hay un yo separado o un yo preexistente en forma de una entidad aislada de la situación concreta de la cual la persona es parte. Por el contrario, al usar la frase "el ello de la situación" (PHG, p. 182), Goodman vuelve a dejar en claro que el punto de partida de la terapia gestalt es la situación total, que todavía no (vale decir, no prematuramente) se diferencia en aquello que me pertenece a mí y lo que pertenece al no-yo. La situación precede a las partes que interactúan en la misma (cf. Robine, 2003).

En segundo lugar, la teoría afirma que *el* self *es un proceso*, el proceso de llegar a ser, crecer, relacionarse, conocer, limitar, experimentar, integrar, significar, etc., un proceso que ocurre en el corazón de la materia, una interacción interminable entre el ser humano y su entorno. En PHG, Goodman no describe este proceso con palabras procesales, es decir, con verbos. Describe el proceso de "selfear" mediante sustantivos —algo lamentable, pues así complicó el asunto. Por ejemplo, presenta las siguientes caracterizaciones: "el *Self* es un complejo sistema de contacto, el sistema de respuestas, la frontera-contacto en acción, el integrador de nuestras experiencias" (PHG, 1951-1994, p. 11).

Cuando esta frase es llevada al lenguaje procesal y el término "*self*" es reemplazado con palabras corrientes, más humanas (por ejemplo, yo, mí mismo, uno mismo), la caracterización se convierte en algo parecido a esto: yo soy un todo compuesto por contactos que mi entorno y yo adaptamos mutuamente; yo me diferencio de las otras partes de mi situación, integro mis experiencias en la forma en que me presento a los demás y en la forma en que me veo a mí-mismo-en-el-mundo.

Aquello expresado tradicionalmente como "*self*" no debe ser cosificado como si se tratara de una entidad u organismo interno; es el proceso del "yo-en-acción", es una totalidad de interacciones (*ibíd.*, p. 151).

4.7.2 La actualización de mí mismo: la realización de las interacciones que exige la situación

Si consideramos al *self* como la persona (que soy) en proceso, sería más adecuado hablar del proceso de "selfear", "yomismear" o "yoear", vale decir, el proceso de convertirme en quien estoy destinado a ser. Este proceso de "yoear" es la totalidad dinámica del yo-contactado-y-siendo contactado. Es el intercambio dinámico entre el ambiente fenoménico y yo. Indica el llegar a ser persona en el sentido más interactivo de la palabra. El proceso de autorrealización se concibe como la realización de los tipos de relaciones con mi entorno que son necesarias en cada situación de la cual soy parte.

Los terapeutas gestalt ponen menos énfasis en el individuo como una entidad separada de la relación que en la relación persona-mundo. La atención se centra en la actualización de la interacción, en oposición a la autorrealización de la persona individual. Los terapeutas gestalt están interesados en la *actualización relacional* (Hycner, 1995, p. 94).

La terapia gestalt no visualiza este proceso de "yoear" dentro de la persona, sino en la frontera de contacto, ahí donde ocurre el contacto, donde el yo actúa sobre el entorno, y viceversa (Wheeler, 1998). El "selfear" es la actualización de mi ambiente y yo; la autoactualización es la realización de la mejor forma posible de interacción persona-entorno, dadas las condiciones, restricciones y posibilidades de la situación en un determinado momento en el tiempo (Wertheimer, Köhler, Koffka, Goldstein).

Al concebir a una persona como situada, como inmersa en una situación, se coloca todo el énfasis en la relación persona-situación. En consecuencia, esta conceptualización no ve al *self* como una entidad. El foco no está puesto en la autorrealización, vale decir, la realización de un *self* reificado. La autoactualización es la realización de las relaciones mutuamente satisfactorias entre las partes de una situación.

La primera conceptualización es coherente no sólo con la teoría gestalt, sino también con el enfoque dialógico existencial de la terapia gestalt. Debemos tener cuidado de no considerar al *self* y al otro como entidades dicotomizadas (Friedman 1989; Hycner y Jacobs, 1995). Hay tantos "*selfs*" como relaciones auténticas entre la persona y su entorno (social). Así, yo puedo "selfear" como psicoterapeuta, padre, abuelo, colega, escritor, hombre, amante, trabajador, etc., y en todas estas formas puedo permanecer conmigo o alejarme de mí.

4.7.3 Tres modos de funcionamiento

En los contactos bipolar y circular, Goodman distingue tres modos operacionales en que el mundo y yo (*myself*) nos relacionamos: ello, yo y personalidad (en términos formales, las funciones *id*, ego y personalidad).

Cabe preguntarse, con razón, por qué los psicólogos prefieren hablar pseudocientíficamente de un ello, cuando lo único que quieren decir es que algún aspecto desconocido de la situación de una persona, del cual aún no tiene conciencia, está llamando la atención de su capacidad de darse cuenta. ¿Por qué hablan de un ego cuando sólo quieren decir que hay un "yo" que estructura mi vivenciar, hace esto, siente aquello, decide, opta, desea, necesita, aliena, dirige, significa, etc.?

En la traducción inglesa de la conferencia de Wertheimer titulada *Ueber Gestalt Theorie* (1924), editada por Ellis (1938-1997), vemos un claro ejemplo del cambio de un lenguaje directo a una terminología pseudopsicológica.

El texto original en alemán dice: "*Ich* bin ein Teil des Feldes. *Ich* bin nicht von vornherein prinzipiel ein *Ich* gegenüber anderen, sondern das Werden eines Ich gehört zu den merkwürdigsten und seltsamsten Dingen die es gibt... *Ich* bin nun, sage ich, Teil in diesem Felde... Was geschieht denn, wenn *ich* teil in dem Felde bin?" (las cursivas son mías), cuya traducción del inglés sería: "Mi campo también consta de *mi Ego*. No hay desde el principio *un Ego* por sobre y contra los demás, pero la génesis de *un Ego* presenta uno de los problemas más fascinantes... Una vez constituido *el Ego*, es una parte funcional de la totalidad del campo... ¿Qué sucede con *el Ego* como parte del campo?" (las cursivas son mías).

¿Es más científica la versión en inglés? En cualquier caso, el texto traducido es distante y abstracto y tiende a referirse a una cosificación, en contraposición a una persona que actúa y reacciona.

Una traducción en palabras comunes y corrientes sería: "*Yo* soy parte de un campo. *Yo* no soy desde el principio un *yo* individual, opuesto a otros. La individuación es un proceso extraordinario. En cada caso, *yo* soy parte de un campo. ¿Qué sucede, entonces, cuando *yo* formo parte de un campo?".

En el enfoque gestalt, los términos *ego*, *ello* y *personalidad* no se conciben como estructuras o subpartes de un ser interior, sino como tres modos diferentes de las interacciones persona-mundo, consideradas principalmente desde el punto de vista del individuo. Cabe señalar que los términos utilizados en los enfoques psicodinámicos también son confusos. Por lo tanto, yo prefiero emplear palabras cotidianas, manteniendo así conceptos más cercanos a su significado original.

Después de todo, ¿qué se gana al usar términos como "ego", "ello" y "personalidad"? "Ego" sólo es la forma latina de "yo", así como "*id*" lo es de "ello", vale decir, lo que me es dado en mi vivenciar la situación en que estoy situado. Y personalidad es sencillamente el conjunto de Gestalts organizadas que adopto y presento en el curso del tiempo.

Cuando palabras comunes se "traducen" al latín, pueden sonar objetivas y científicas, pero en realidad es un mero acto de prestidigitación, una ilusión en que la cosificación y desvitalización desempeñan un papel nada menor. Y en este juego de magia, ego no es lo mismo que yo. Decir: "Has herido mi ego", no es lo mismo que "Yo me siento herido"; o "Mi ego no es lo bastante fuerte", es distinto a "Yo no soy lo bastante fuerte como para manejar esta situación". Algo anda terriblemente mal en este juego. En especial si el "ego" se sitúa dentro de mí, no soy "yo quien..." hace o no hace tal o cual cosa, sino un dispositivo mecánico que no cumple con las exigencias de la vida. Es más, se compromete gravemente el vínculo con mi situación, ya que estoy alienado de mi ego, o mejor dicho, mi ego está alienado de mí; en vez de hablar de mí y de los seres que viven en mi situación, sigo con mi ego y ellos alrededor de mi ego.

Finalmente, todo este asunto se convierte en algo abstracto. ¿Pero acaso no es precisamente esa mi estrategia, o debiera decir la estrategia de mi ego: distanciarme de las fuerzas algesiogénicas, o "fuerzas que producen dolor", que amenazan con abrumarme? Y en efecto, la estrategia fructifica, pues logro evitar el dolor, pero a un costo: no consigo asir una manija en mí.

Jacobs (2003) sugiere que tiremos al tacho de la basura el "ego" y el "ello". "El psicoanálisis contemporáneo ha abandonado estos términos por ser anticuadas reliquias de una teoría intrapsíquica no relacional, basada en unidades de la mente. Las palabras son importantes y nuestra teoría holística nos recuerda que no son entidades aisladas que pueden ser descontextualizadas y redefinidas a voluntad. Existen en un contexto de hábitos de pensamiento, lenguaje y acción que se mantienen firmes incluso cuando uno intenta apropiarse de ellas de un modo diferente"

(p. 139). Debemos deshacernos de las subpartes de una estructura psíquica de la persona, que son meros residuos de una antigua metáfora que representa al hombre como una máquina a vapor y al ego como el maquinista encargado de su mantención. Debemos desechar la idea del sí mismo como una cuasi-entidad dentro de la persona, una interpretación de la frontera-contacto que divide una situación en una realidad interna y otra externa, es decir, la persona y el entorno. Tenemos que extirpar las interpretaciones basadas en los mecanismos de contacto (introyección, proyección y otras "yecciones" posibles) que se perciben como vehículos de transporte, cuya función es transportar cargas externas hacia el interior, y viceversa.

Es tal su naturaleza pseudocientífica que cuando usamos estas palabras, regularmente debemos definirlas para insistir en que se diferencian del lenguaje cotidiano con el que se han fusionado. Sin embargo, ¿no sería más sencillo sustituirlas en todos los ámbitos con otros términos, palabras que digan lo que quieren decir? (ver también Blaize, 2001, pp. 211 y ss.).

En la teoría de la terapia gestalt, el proceso de "yoear" significa lograr lo que la situación exige, de forma que se satisfagan las necesidades de la persona y el entorno. En este proceso se pueden diferenciar tres modos de abordar la situación, o sea, las relaciones persona-ambiente funcionan de tres maneras. De más está decir que estos modos interactúan bidireccionalmente. Goodman propone describirlos como funciones, pero también tiende a cosificar cuando habla del ego, el ello y la personalidad.

1. *El funcionamiento del* id *(ello)*: la situación dada, lo que viene cuando soy parte de mi situación, cuando la interacción entre mi entorno y yo está corporalmente presente, es "lo-que-está-sucediendo" entre mi situación, mi entorno y yo. El "*id*" es la conciencia corporal global de cómo una situación implícitamente cobra sentido.
2. *El funcionamiento del ego (yo)*: "yo" es mi exploración del conocimiento implícito de mi situación, búsqueda de soluciones, reestructuración, reorganización de mi situación; "yo" soy yo actuando, eli-

giendo, orientando, dirigiendo, participando, pensando, queriendo, planificando, identificando, alienando, buscando, gustando, seleccionando, evaluando, etc.

3. *La función de (mi) personalidad* soy yo, según cómo *me* veo, cómo soy, cómo la reestructuración afecta *mi* sentido del dominio de situaciones dadas actualmente y cómo este sentido las seguirá afectando. También se trata de cómo quiero que me vean. Soy como prefiero definirme a mí mismo, para describirme, presentarme, dejarme ver, cómo esto influye en mis interacciones con el entorno y lo que puedo experimentar, tener en cuenta o arriesgar. La personalidad soy yo como me veo a mí mismo, pienso en mí mismo, el "yo" que me gusta presentar a otros. También soy yo quien hace construcciones en base a lo que he vivido hasta ahora y a mis creencias, suposiciones. Asimismo, Goldstein habla de cómo está configurada o conformada la persona (1940-1963, p. 184).

4.7.4 Pérdida de la capacidad de actuar y contactarse en forma creativa con el entorno

Goodman enfatiza que la terapia gestalt se centra en la pérdida de las funciones del ego, o en palabras más sencillas, la persona que va a terapia no actúa como la situación (el *"Zueinander"* de persona y entorno) lo exige; en vez de actuar como un "yo" responsable de identificarse o alienarse de las demandas de la situación, el individuo no responde tomando conciencia del tipo de interacción que su entorno y él pueden poner en marcha, con lo cual la interacción no concluye satisfactoriamente.

Aquí cobran relevancia las últimas páginas de la parte teórica de *Terapia gestalt* (PHG, 1951-1994). Goodman dice: "La terapia gestalt se centra en el proceso de interrupción de la resolución de problemas actuales. La persona interrumpe el proceso de identificación con aquello que su situación necesita, así como con la alienación de lo que no está al servicio del desarrollo de la situación. Surgen preguntas fundamentales: ¿cómo puedo sentir las perturbaciones en mi cuerpo? ¿Cómo estoy impidiendo la realización de la actual tarea que tengo ante mí? ¿Qué falta en mi entorno, o de dónde y cómo puedo obtener lo que está faltando en mi situación?

En PHG se describen las interrupciones del contacto como la pérdida de las funciones del ego. Se sostiene que las interrupciones se diferencian unas de otras según el momento en que se producen. Desde este punto de vista, muchos autores han relacionado sus componentes con la noción del ciclo de contacto. Cuando ocurre esto, las perturbaciones del funcionamiento del ego se convierten en interrupciones del contacto, y no en procesos que impiden un funcionamiento eficiente del yo. Con respecto al funcionamiento de su ego, la persona tiene una preocupación fundamental: asegurarse de que su entorno y ella se ajusten en forma creativa a la situación en que ella se encuentra en el momento. Según Goodman, la pregunta más importante es: "¿Dónde y cómo empiezo a no resolver el problema?" (PHG, p. 245). La misma pregunta se puede formular así: "¿En qué momento empecé a no captar la situación dada, de tal modo que la interacción ya no pudo lograr lo que mi entorno y yo necesitábamos? ¿Dónde y cómo perpetúan el problema los actuales intercambios entre el ambiente y yo?".

La terapia gestalt crea una situación en que el cliente puede explorar posibles respuestas a estas preguntas.

El proceso de contacto puede evitarse o ser desviado y estancarse. Sin embargo, esa evitación, desviación y estancamiento también son formas de contacto. Se interfiere la flexibilidad de la relación figura-fondo, que adopta formas diferentes a aquellas que exige la situación.

Ejemplo clínico

Federico se queja de la relación con su padre. Se siente incapaz de enfrentarse a él. Cada vez que intenta hacerlo, termina sintiéndose un fracasado y así aplaza el siguiente enfrentamiento durante el mayor tiempo posible. Se evita el conflicto haciendo lo que piensa que su padre espera que haga, y luego se detesta por lo que experimenta como una actitud cobarde. Quiere resistirse a su propia docilidad. La desfiguración (ver explicación más adelante) evita que la figura se mueva hacia el primer plano, haciendo que el fondo (expectativas de su padre) sea igualmente fuerte. Entonces, se produce un tipo de deformación de la conciencia de innovación asimilable a la situación y una respuesta motora a esta novedad.

Es importante no dar por sentado el gestaltear que un cliente construye fácilmente —o que cada vez reconstruye. Una situación siempre contiene posibilidades para otras formaciones figura-fondo. La *desfiguración* es un proceso creativo de desestabilización de la formación gestalt automática en que una persona empuja hacia el fondo a una figura fuerte que ha surgido espontáneamente en primer plano y se focaliza en los otros elementos de su situación que no son la figura que aparece con regularidad en primer plano.

Además, un terapeuta puede estimular la desfiguración llamando la atención del cliente a un elemento que está en el trasfondo, de modo que una figura de distracción que el cliente ha construido deja lugar a este elemento. El objetivo del cliente al desfigurar es estar a la defensiva (evasión) y el del terapeuta es ayudarlo a disolver la formación de la configuración figura-fondo para que enfrente los elementos problemáticos de la situación que está evitando.

En el Capítulo 6 veremos que no es terapéutico centrar al paciente en sus fracasos para enfrentar las necesidades de su situación. La terapia gestalt enfatiza que la interacción adopta la mejor forma que permiten las condiciones de la situación. Como dijera Goldstein, cada ser vivo tiende a "asumir las exigencias del mundo externo en las mejores condiciones de totalidad posibles" (1940-1963, p. 186).

En el próximo capítulo, la terapia gestalt se presenta como una terapia centrada en el cuerpo, en que el terapeuta se focaliza sucesivamente en el cuerpo del cliente y en la experiencia de su situación. A través de este enfoque, el terapeuta ayuda al cliente a salir adelante con respecto a lo que su situación le exige.

CAPÍTULO 5

ENCARNACIÓN O CORPOREIZACIÓN DE LA SITUACIÓN

El cuerpo es el emplazamiento de la terapia gestalt.

—D. Kennedy (2003, p. 78).

Capítulo 5

ENCARNACIÓN O CORPOREIZACIÓN DE LA SITUACIÓN

Yo entiendo al otro a través de mi cuerpo,
tal y como percibo a través de mi cuerpo.

—Merleau-Ponty (1945-1962, p. 186).

En la tradición fenomenológica existencial, el cuerpo es nuestro ser-en-el-mundo, nuestro estar situados. El significado más antiguo de "existir" es "destacarse por estar fuera" (*ex + sistere*); más adelante, la palabra fue asumiendo el significado de ser alguien en un lugar y un momento dados; tomar una postura o posición ante algo. La unidad apropiada del estudio psicológico y la operación psicoterapéutica es la interacción del ser situado y el mundo en que se sitúa. Es en un tiempo y un espacio dados que el entorno se convierte en mi mundo y yo me convierto en alguien en él. En este capítulo voy a yuxtaponer la percepción y la comprensión como procesos que actúan entre sí y que surgen en el cuerpo, el que a su vez nutre con información a cada uno de estos procesos.

5.1 El organismo informa

En *Fenomenología de la percepción*, Merleau-Ponty (1945) sugiere que la "mente" es inseparable de nuestra naturaleza corporal situada. Enriquece el concepto del cuerpo, permitiéndole a éste tanto conocer como percibir. Teniendo en cuenta esta ampliación, es conveniente referirnos a la persona no sólo como un cuerpo-objeto (organismo) sino también como un cuerpo-sujeto (persona). Este cuerpo es vivenciado como el "yo": Yo soy quien lanzó la pelota a la esquina de la cancha de mi oponente, apenas despejando la red; yo soy quien corrió 100 metros; yo soy quien trepó a la alta chimenea. Este yo no es un sentido espiritual en algún lugar, sino algo de lo cual mi cuerpo, que después de todo hizo todas estas cosas, forma parte integral" (Koffka, 1935, p. 320).

"Dans la perception nous confondons avec ce corp qui en sait plus que nous sur le monde". En el acto de percibir, nos unimos con este cuerpo que sabe más sobre el mundo que nosotros (Merleau-Ponty, 1945, p. 276). En el cuerpo vivido, persona y entorno están unidos. El sujeto puede darse cuenta de su individualidad peculiar (su mismidad) sólo por ser un cuerpo e ingresar al mundo como un cuerpo (Merleau-Ponty, 1945, p. 467). En la cognición vivida, la percepción y la acción son inseparables. En cierto sentido, el ser humano piensa a través de su cuerpo, y si hay tal cosa como un lenguaje corporal, tal vez el pensamiento no está concentrado en la cabeza, sino que ocurre a través de todo el cuerpo (por ejemplo, el cerebro digestivo en la medicina moderna).

Una persona percibe con todo su cuerpo, no con los sentidos por separado. Percibir no es cuestión de tomar deliberadamente una posición o realizar un determinado acto, sino una experiencia integral y prerreflexiva (Merleau-Ponty, 1945). El cuerpo es la información ambiental (Gendling, 1992), vale decir, le informa a la persona sobre cómo se siente la relación persona-mundo en el momento, cómo es para ella la situación concreta actual. El cuerpo expresa el significado de muchas más maneras de las que habla y en formas que van más allá del hablar. Hablar no es sino un refinamiento de la sensación corporal (Merleau-Ponty, 1945). "El cuerpo tiene información a la cual no se puede acceder fácilmente a través de las palabras. Nuestra tarea es traer este material a la conciencia" (Gillie, 1998, p. 114). Aunque sé lo que un hombre es por lo que hace y dice, lo sé con certeza y directamente por *cómo* lo hace y *cómo* dice lo que hace y dice.

Para los teóricos de la Gestalt, los sentidos no son mecanismos pasivos que reciben datos neutros. Percibir es la estructuración del proceso exploratorio en sintonía con los significados dinámicos presentes en el ambiente que dirige a individuos específicos. Es un proceso que se organiza a sí mismo bajo ciertas restricciones y condiciones dinámicas predominantes (Koffka, 1935, p. 105). "La visión *no* es un *registro mecánico* de elementos, sino *la aprehensión de patrones estructurales significativos*" (Arnheim, 1954-1974, p. 6). La percepción es un mero instrumento para el registro del color, la forma, el sonido, etc., sólo cuando se considera de manera aislada de la persona de la cual es parte. En el contexto adecuado, la percepción aparece como un medio a través del cual el ser humano obtiene información sobre las fuerzas ambientales amistosas, hostiles o no relevantes frente a las que reacciona (Arnheim, 1949/1961, p. 312).

5.2 Organización sensorial

El tema central de la psicología gestalt es la tendencia de los individuos a organizar sus interacciones persona-mundo. Su principal esfuerzo concierne a la dinámica de esta organización (Köhler, 1947).

Köhler fue quien primero hizo hincapié en el fenómeno de la organización sensorial (1930-1971, p. 149 y ss.). Esta organización no es tarea del yo (*self*) o de procesos mentales dentro del yo (*self*), sino que es inherente al acto de la percepción misma. Los experimentos de Wertheimer (1922-1938) demuestran claramente que las relaciones entre los objetos visuales son las que deciden qué elementos se convierten en un grupo y cuáles no, y dónde un grupo se demarca de otro.

Gran parte de la experimentación de los teóricos de la Gestalt se diseñó para demostrar que la apariencia de cualquier elemento depende de su lugar y función dentro de un patrón global. Una persona atenta no puede leer estos estudios sin admirar la activa búsqueda de unidad y orden que se manifiesta en el sencillo acto de mirar un patrón de líneas.

Se puede decir lo mismo de los otros sentidos. En la audición, por ejemplo, las unidades continuas se van segregando en música y lenguaje hablado (Arnheim, 1954/1974, p. 5).

Percepción (en latín, *percipere* [tomar, recibir]; cf. percibir: *percapere* [entender cabalmente]) es el acto de tomar de mi entorno aquello que es relevante para mí. En su famoso artículo sobre el *Kriegslandschaft*, Lewin (1917) muestra que el paisaje no se comprende en forma separada de la vida de las distintas personas que lo perciben. El mismo paisaje es un entorno totalmente diferente o, podría decirse, un mundo totalmente diferente para el soldado, el amante, el granjero, el leñador, el cazador y el ornitólogo. El mismo ambiente también es un mundo totalmente diferente para el león y el chimpancé. Esta diferencia significa literalmente que un león percibe otras cosas que las que percibe un chimpancé en ese entorno. También significa que el ambiente exige actividades diferentes del león y del chimpancé (Holdrege, 1998).

5.3 El cuerpo nos informa del significado

Para el que percibe, en tanto agente con objetivos e intenciones, el entorno tiene cualidades relevantes. No percibimos cosas aisladas sino las relaciones entre ellas, de modo que percibimos aquello que nos es significativo. Para nosotros, los hechos existen sólo cuando la experiencia sensorial se ha imbuido completamente de significado (Köhler, 1947, p. 69).

Cuando llegué a este mundo, ya existía un mundo cargado de significados, y a través de mi cuerpo me informo de lo que significa ese mundo para mí. El cuerpo expresa cómo la relación de mi mundo y yo en efecto se encuentra en una situación concreta. Las cualidades de esta relación son un significado percibido corporalmente.

Percibir, sentir y atribuir significado son, cada uno por separado, aspectos de una actividad integral. Para comprender algo, tengo que captar la totalidad de lo que un fenómeno me revela. La percepción es inseparable del cuerpo situado, lo que en un sentido más amplio significa que es el factor fundamental y concomitante que subyace a cada interacción.

Anécdota ilustrativa

Recuerdo un incidente que ocurrió cuando mi hijo tenía 6 años. Su madre le había comprado zapatos para ir a su nueva escuela. Le pregunté: "¿Te gustan tus zapatos nuevos?", y él dio esta sorprendente respuesta: "No sé. Mis pies aún no me han dicho nada. Todavía no he caminado con ellos".

Deberíamos tener presente que la percepción no es algo que se hace con los ojos, los oídos o cualquier órgano específico. Es un fenómeno multisensorial, del cuerpo total. La experiencia de la percepción visual se debe no sólo a las sensaciones separadas de las células del ojo, sino que, sobre todo, a un resultado de la organización total del campo (Koffka, 1935, p. 318). Nunca percibimos impresiones sensoriales aisladas, y no podemos hacerlo porque sólo somos capaces de percibir Gestalts, es decir, figuras que sobresalen o se definen respecto de un fondo.

5.4 La teoría gestalt de la expresión

El término "expresión" se refiere principalmente a las manifestaciones conductuales del estado mental de una persona. Los movimientos expresivos son actos físicos que tienen lugar debido a su correspondencia con el estado mental del individuo que los realiza. La forma del cuerpo completa la reacción mental. El organismo humano siempre funciona como un todo, física y psíquicamente (Arnheim, 1949-1961, *op. cit.*, p. 319).

Arnheim, en su artículo "La Teoría Gestalt de la Expresión", señala que la expresión es una cualidad que forma parte integral de procesos perceptivos elementales: la percepción nos informa de las fuerzas del entorno, junto con sus valencias, que requieren una respuesta de nosotros. Estas fuerzas se manifiestan de manera más directa mediante lo que Arnheim describió como expresión.

"La expresión parece ser el principal contenido de la percepción", afirmó Arnheim (1949-1961, p. 319), y dio algunos ejemplos. La experiencia diaria nos muestra que la gente recuerda claramente la expresión de las personas u objetos, sin ser capaz de indicar el color, forma, tamaño y otras características de esos objetos. En el trabajo experimental se observa que incluso con el objeto directamente al frente de sus ojos, a los sujetos les resulta difícil e incómodo tomar nota de su pauta formal. Las observaciones de niños y pueblos nativos indican que las llamadas cualidades fisiognómicas son percibidas de manera más directa que las cualidades geométricas de la forma y el movimiento.

Arnheim (1949-1961) formuló la misma pregunta que Koffka (1935) y Köhler (1947): "¿Cómo se pueden inferir procesos psíquicos a partir de la conducta corporal, gestos, movimientos, posturas y expresiones faciales?". Los psicólogos gestalt sostienen que la conducta expresiva revela su significado directamente en la percepción según el principio del isomorfismo, es decir, procesos que ocurren en diferentes medios pueden tener una similar organización estructural. Los procesos psíquicos y físicos están estructuralmente relacionados entre sí y esta interrelación se evidencia a nivel perceptual. Al parecer, los teóricos de la Gestalt, con su principio del isomorfismo, anticiparon los descubrimientos recientes de las neuronas espejo y las teorías actuales basadas en éstos acerca de cómo los individuos comprenden sus mutuos estados mentales (Eagle y Wakefield, 2007). Va más allá del alcance de este libro entrar en detalles sobre los diferentes sustratos psíquicos y físicos en que deben existir las estructuras isomórficas si la explicación gestaltista resulta validada. Se invita al lector interesado a buscar este material en Arnheim (*op. cit.*, p. 308 y ss.), Köhler (1947, Cap. 7), Köhler (1947, Cap. 7) y Koffka (1935, p. 55 y ss., y p. 655 y ss.).

Cuando se nos pide explícitamente reconocer y categorizar las emociones o sensaciones manifestadas por otros, realizamos nuestras operaciones cognitivas mediante la adopción de una perspectiva en tercera persona, que apunta a objetivar el contenido de nuestras percepciones. El objetivo global de estas operaciones cognitivas es la categorización deliberada del estado externo de las cosas (Gallese, 2005). Por el contrario, cuando estamos totalmente involucrados en las interacciones sociales, experimentamos una actitud diferente hacia los objetos de nuestras percepciones sociales. Estamos en sintonía con las intenciones expresadas por otra(s) persona(s). Nuestras habilidades mentales sociales no se limitan a una declaración desde una perspectiva en tercera persona. Reaccionamos en base a un conocimiento vivencial relacionado con nuestro cuerpo, lo que permite nuestra sintonía intencional con los demás, lo que a su vez constituye una intersubjetividad múltiple compartida, un "lugar céntrico-nosotros" (Gallese, 2003 a 2005).

Köhler (1947) afirmó que percibir al otro sensorialmente puede decirnos más acerca de sus procesos mentales de lo que se puede desprender de un estudio de su llamado comportamiento racional. "Aun cuando entendamos las palabras de las otras personas, incluso la forma en que hablan puede ser una mejor señal que el significado de sus palabras como tales. En algunas situaciones, cierto silencio puede decirnos más que cualquier número de afirmaciones" (p. 217).

Esto es posible debido a que nosotros también poseemos acciones, emociones y sensaciones. El otro es una persona, igual que yo. Somos testigos de las acciones y emociones de los demás, pero también llevamos a cabo acciones y emociones similares. Nuestras experiencias en primera y tercera persona tienen algo en común; el observador y lo observado están dotados de un sistema cuerpo-cerebro similar.

Recientemente, la investigación en neurociencias ha develado los mecanismos neuronales que median entre nuestro conocimiento experiencial de varios niveles y, al mismo tiempo, las certezas implícitas que tenemos sobre los demás. Estas certezas nos permiten experimentar directamente el significado de las acciones realizadas por los demás y descifrar las emociones y sensaciones que se experimentan a través de la equivalencia entre lo que los otros hacen y sienten y lo que nosotros hacemos y sentimos. Gallese llama "simulación encarnada" a este mecanismo de modelado. Este proceso de simulación es a la vez automático y prerreflexivo, siendo el individuo inconsciente de ello. Proporciona un marco común para todos los diferentes aspectos de las relaciones interpersonales (Gallese, 2003, p. 521). Es muy probable que el correlato neural de este mecanismo sean las neuronas espejo (o especulares).

Metzger (1941-2001) habla de "el nosotros" (*das Wir*, p. 129) como un conjunto interpersonal común del cual el individuo es parte activa. También afirma que, para comprender a un ser humano, no basta con ponerse en su lugar, imaginar que uno es el otro (*"Nacherleben ist noch kein Verstehen"*: empatía no es comprender). Uno entiende al otro sólo cuando se es capaz de ver el comportamiento del otro *en relación con el todo de la situación*, y así uno puede comprender el significado, lugar, función e intención de su conducta (p. 242).

Yo entiendo al otro a través de mi cuerpo, escribió Merleau-Ponty (1945), pero también puedo decir que yo mismo entiendo mejor mis gestos, expresiones faciales y comportamiento de mi cuerpo cuando los veo imitados o copiados por otros. Para poder entenderme a mí mismo y las interacciones entre mi entorno y yo, necesito las observaciones de un ser humano. Desde el exterior, otras personas parecen entender con mayor claridad mis experiencias de lo que yo soy capaz de observarme desde el interior (Köhler, 1947, Cap. 5). La mayor parte del tiempo necesito la observación de otro ser humano para tomar conciencia de lo que está en mi mente o en mi pecho.

Ya que no puedo percibir directamente lo que experimenta la otra persona, mi única prueba en relación con sus procesos mentales proviene de su cuerpo. Puedo leer su mente y entender su expresión facial. Entiendo las intenciones detrás de su comportamiento y gestos. Sin mucha operación cognitiva, puedo descifrar sus emociones y sensaciones. En la práctica terapéutica gestalt, tanto mi imitación de las acciones corporales, gestos y expresiones faciales del cliente como el hecho de que él me vea reflejando (o especularizando) estas acciones, gestos y expresiones tienen un valor crítico.

5.5 Encarnación o corporeización (*bodying forth*)[10]

Una persona exterioriza su experiencia del mundo por la forma en que camina y habla. El cuerpo, sin que el individuo lo sepa explícitamente, encarna cómo siente su situación. La encarnación refleja y revela el significado, intención y dirección de la evaluación corporal preverbal de la situación.

En psicoterapia, el cliente corporeiza el juicio de su situación, encarna cómo ésta le afecta e impresiona. Fuera de la situación terapéutica, la mayoría de las veces esto sucede sin que la persona (y los testigos) sea consciente de "ello". Este "ello" se refiere a la aparición de una

---

[10] El idioma inglés utiliza la palabra *"body"* (cuerpo) como el componente verbal de una frase verbal, usado principalmente con el adverbio *"forth"*, por ejemplo *"to body forth"*, que significa exteriorizar, presentar o manifestarse a través del cuerpo. Hemos optado por usar el término encarnar o corporeizar, que nos parece equivalente (N. de los T.).

evaluación de la situación del individuo, a una sensación corporal más bien vaga, difusa y más global. El "ello" marca su relación con el mundo, sin saber exactamente de qué se trata esta relación. PHG llaman a este fenómeno el "ello (*id*) de la situación" (PHG, p. 182; ver también Capítulo 4 de este libro).

El "ello" es de la situación; pertenece a toda la situación, pero aún sin diferenciarse en sus partes constituyentes (yo y mi mundo, yo y tú y toda entidad que nos impacta). El "ello" no es una sensación de un yo o un entorno separados, como si las cosas externas formaran una situación sin mí. El "ello" es el fondo dado fragmentándose en sus posibilidades (PHG, pp. 156, 197). Tampoco es mi sensación corporal separada de la situación y sólo interna. Sin duda alguna, no es simplemente una reacción emocional a mi mundo externo. Es eso, pero también incluye más de la complejidad de mi situación de lo que yo puedo ver o reflexionar. La sensación corporal es acerca de la situación, un conjunto de interacciones, y no una mezcla de dos o más cosas. En la situación terapéutica, el "ello" de la situación *no* pide que el terapeuta se vuelque hacia adentro o hacia afuera; es más útil una actitud receptiva que una atención deliberada.

Según los teóricos de la Gestalt, este conocimiento encarnado constituye un saber inmediato de cómo es la situación para mí. El cuerpo vivo es una interacción constante con su entorno y me mantiene informado acerca de la situación de la que mi entorno y yo somos partes. El cuerpo lleva información que no puede (o aún no puede) ser formulada verbalmente. La tarea de los terapeutas es conducir este conocimiento a la conciencia del cliente.

5.6 Sentido de la situación

La singular contribución de *Terapia gestalt* de PHG reside en su idea original de que el sentido de la situación surge precisamente en el encuentro entre la persona y el mundo y que, en este encuentro, el sentido del mundo del individuo cobra forma respecto al significado y la dirección. La sensación que uno tiene tanto de sí mismo como del otro surge en el acto interactivo que Goodman llama "contacto".

A través de la expresión "el *id* (ello) de la situación", PHG ubican la dinámica de la interacción, en primera instancia, no en la persona ni en el entorno, *sino en la situación que forman juntos.*

Aquello de lo cual nos damos cuenta todavía no es vivenciado como perteneciente a la persona o a partes de la situación distintas de la persona. Básicamente, la fuente dinámica activa de lo que está ocurriendo pertenece a la situación global indiferenciada en cuestión.

Robine (2003, pp. 54-55) afirma que el "ello (*id*) de la situación" es el concepto más revolucionario de *Terapia gestalt.* Pero, en mi opinión, Goodman aquí se apoya en Wolfgang Köhler (1947), Kurt Koffka (1935) y Max Wertheimer (1935), cada uno de los cuales afirmó, aunque con distintas palabras, que la unidad de la situación precede a la persona y al entorno. Y esta unidad es la que primero se presenta a nuestros sentidos. Asimismo, Nuttin hace hincapié en que las necesidades no se localizan en el organismo sino en la relación persona-mundo (Nuttin, 1955, p. 354). PHG sitúan la conducción motivacional de cualquier conducta en la situación, y no en algún lugar del organismo o del entorno.

5.7 El cuerpo como guía en terapia gestalt

La formación gestáltica (figura-fondo) no es labor de un individuo separado, sino la realización tanto del entorno como de la persona. En este sentido, la famosa sentencia de Lewin —la necesidad organiza el campo— es correcta sólo cuando una necesidad se concibe como una necesidad o exigencia de la situación. El comportamiento humano no es sólo resultado de una necesidad experimentada dentro de la persona; se suele movilizar por las características de la demanda que nos presentan los objetos en el entorno.

Esta observación tiene consecuencias para la práctica terapéutica (ver Capítulo 6). En la práctica de la terapia gestalt, el encuentro terapeuta-cliente se concibe como una situación, un lugar de posibilidades que el terapeuta y el cliente crean juntos y que influye en ambos.

La relación terapéutica ofrece la diferenciación gradual de la identificación de la situación con respecto al "yo" y al "no-yo", donde el punto de partida es el sentido global implícito de algo que llama la atención. Este "algo", este "ello" (*it*), convoca al terapeuta y al cliente. Y al principio del contacto terapéutico, lo único que nosotros, como terapeutas, debemos hacer es acompañar al "ello" (Gendling, 1992). Entonces, el terapeuta junto con su cliente tendrán una sensación emergente del "ello" a medida que su significado se les devela gradualmente. Este "ello" posee dirección, sentido y finalidad. Explorar el "ello" es fundamental para poner en marcha todo el tratamiento, ya que los actores tienden a acercarse a esta situación con prejuicios más o menos fijos de quiénes son. El cliente se aferra a su "Yo soy fulano de tal"; sus ideas preconcebidas y construcciones acerca de sí mismo le dan una sensación de estabilidad y seguridad. A su vez, el terapeuta hace diversas suposiciones sobre quiénes son (o bien, podrían o deberían ser) él y el cliente.

Para ambas partes, estas presuposiciones o prejuicios tienden a ser más "reales" que el sentido de realidad que proviene de la sensación y la observación cuidadosa. La situación terapéutica puede desbloquear los constructos fijos que uno tiene sobre sí mismo, su mundo y las demás personas y entidades en él, y así desmantelar las representaciones implícitas y no examinadas (Robine, 2003, pp. 88-89).

La terapia empieza con la suspensión de cada una de las presuposiciones acerca de lo dado por la situación, permitiendo de ese modo que emerjan otros posibles significados. Al explorar el "ello", el terapeuta y el cliente impiden una prematura asignación de responsabilidad a una u otra parte de la situación por los problemas de los cuales se queja el cliente. Hay que evitar tal asignación, ya que no se ajusta a un campo o enfoque situacional. En un principio, con esta orientación, consideramos que todos los fenómenos involucrados en una situación dada tienen la misma importancia (ver Capítulo 6).

Ejemplo clínico

Compare dos intervenciones realizadas por dos terapeutas diferentes:

C: Ya estoy atemorizado (sonríe).

T 1: ¿Qué te atemoriza?

T 2: Estar sentado aquí, tú conmigo y yo contigo; la situación es alarmante.

La reacción del primer terapeuta presupone que el cliente es quien tiene miedo, y por lo tanto, a él le corresponde explicar qué lo atemoriza. (Esta es la postura que Fritz Perls adoptaba la mayor parte del tiempo).

La reacción del segundo terapeuta no distingue qué parte de la situación es alarmante: acepta que el miedo es un hecho de la situación dada: que "ello" atemoriza y yo tengo miedo de "eso" atemorizador. El "eso" puede ser la ansiedad o inseguridad del cliente que se ofreció voluntariamente pero no sabe lo que va a suceder; o puede ser algo del terapeuta que provoca ansiedad; o cualquier combinación de ambos o cualquier otra parte de la situación (Wollants y cols., 2000b).

En un enfoque situacional, uno busca cualquier cosa que se presente o pueda surgir en la situación como resultado de diversas fuerzas interactivas. Nada ocurre en forma aislada. Lo que emerge en el primer plano depende de las interacciones en una situación particular en virtud de sus aspectos globales.

La estrategia metodológica de la terapia gestalt, para una mayor exploración, sigue inexorablemente a partir del enfoque situacional tal como se bosquejó anteriormente y se describe en el Capítulo 6 de este libro:

- Nuestro punto de partida es la situación total; describimos los fenómenos sin juzgarlos.
- Al principio, consideramos igualmente relevantes todos los aspectos y elementos de la situación.
- Nos aproximamos a la situación gradualmente, paso a paso, a medida que se despliega ante nosotros, impidiendo así la prematura diferenciación entre la persona y el mundo.
- A partir de aquí, avanzamos a pequeños pasos, que el cliente y el terapeuta experimentan inmediatamente; adoptamos un método basado en la aproximación gradual.

Este método nos permite acercarnos a los temas, aspectos o factores que actúan en la situación total. La ventaja de este enfoque es que las conclusiones provisorias que sacamos en un determinado período de tiempo —por ejemplo, dentro de una sola sesión, incluyendo el mismísimo primer encuentro con el cliente, o entre dos sesiones consecutivas— siguen siendo válidas, es decir, no tenemos que revisarlas y podemos poner nuevas piedras en la parte de la pared que ya hemos construido. Me parece que la imagen de un garlito ilustra muy bien el método de aproximación gradual: cada compartimento da paso al siguiente y los peces ya atrapados no se pierden.

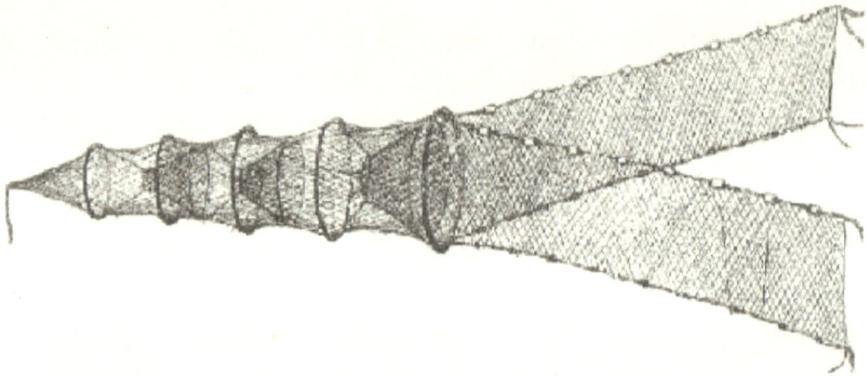

Figura 1: Garlito como metáfora de la aproximación gradual.

Laura Perls (1992, p. 116) sostiene que la terapia se inspira en aquello que el cliente y el terapeuta sienten y de lo cual toman conciencia cuando se miran y hablan entre sí. Por lo tanto, el terapeuta se concentra en el cuerpo del cliente y en su propio cuerpo; se centra en las sensaciones que puede sentir en su propio cuerpo cuando está presente con el cliente.

Este percibir y sentir es un proceso continuo que evoca comprensión. Percibo lo que el cliente está haciendo, cómo está hablando y cómo está en silencio, y estoy consciente de mis sensaciones corporales que me informan sobre lo que percibo.

5.8 Encarnar o corporeizar (*bodying forth*)

Los clientes recurren a un terapeuta a fin de resolver los problemas que experimentan en contacto con el mundo en que viven, para poder volver a ver (literalmente) su situación y reorganizar las relaciones con su mundo. La terapia basada en la teoría gestalt investiga su situación con el cliente; cómo interactúa y se organiza la persona en el mundo, además de qué elementos están activos en el momento. Las intervenciones terapéuticas son guiadas por lo que el cliente manifiesta a medida que va encarnando cómo vivencia la interacción yo-mundo.

El cliente no se da cuenta de que encarna el modo en que experimenta su situación. La sensación de la situación que percibe, su sentirla, toma forma a partir de su modo de encarnar. Lo que se encarna es perceptible en muchos aspectos diferentes de sus movimientos corporales y gestos (incluso cambios muy sutiles en la posición de la mandíbula o en los pequeños músculos alrededor de los ojos, nariz, boca, etc.).

Para el terapeuta y el cliente, el cuerpo es un lugar privilegiado a través del cual pueden entrar en contacto con las formas en que el cliente experimenta su situación y cómo están su estado de ánimo y sentimientos en referencia a su situación.

La terapia gestalt no necesita ejercicios que impliquen trabajo corporal o conciencia sensorial. La terapia gestalt es una terapia corporal de principio a fin; los cuerpos del terapeuta y del cliente son los lugares en que pueden encontrarse mutuamente.

El cuerpo del cliente sabe más de lo que este mismo puede o está dispuesto a poner en palabras. La labor terapéutica consiste, en la medida de lo posible, en hacer que el cliente conozca la información que contiene su cuerpo y la utilice para aumentar su darse cuenta de lo que está sucediendo en su mundo en el aquí y el ahora y qué fuerzas en la situación global o del espacio vital están influyendo en su mundo y estado mental.

5.9 Percibir-significar-actuar

Como ya he dicho, la percepción es sobre todo la organización de lo dado. No sólo existe el perceptor sino también lo perceptible. Los elementos de los patrones visuales se perciben como agrupados según las leyes descubiertas por Wertheimer. Cualquier patrón visual aparece como un todo organizado (Arnheim, 1949-1961, p. 311).

En la teoría gestalt de la percepción existen dos principios esenciales:

1. La expresión es el principal contenido de la visión. Los aspectos expresivos de una entidad visual son una forma de comunicación. Éstos captan nuestra atención, y a lo largo de la evolución de la humanidad, han servido como un medio de supervivencia, centrando la atención en las expresiones de las otras personas y permitiendo una comprensión inmediata de la comunicación que emana del otro sin el uso de palabras. Por eso la expresión corporal es la principal guía para las intervenciones.
2. Las expresiones se basan en la Gestalt de la totalidad. Los detalles son un medio para hacer más vívida la expresión primaria observada a través de la captura del estado, nivel emocional o cualidad del conjunto. Hay evidencias de que toda la estructura de un rostro o cuerpo es lo que determina el significado de las expresiones, y no la suma de sus partes.

Cuando formamos a terapeutas gestálticos, les enseñamos a ser sensibles a las expresiones de los clientes que reflejan cómo les está afectando su situación. La situación en cuestión puede ser de corto plazo, por ejemplo, un cambio drástico en sus relaciones persona-mundo; o de largo plazo, como en el caso de una interacción crónicamente deteriorada entre ambos componentes de la relación.

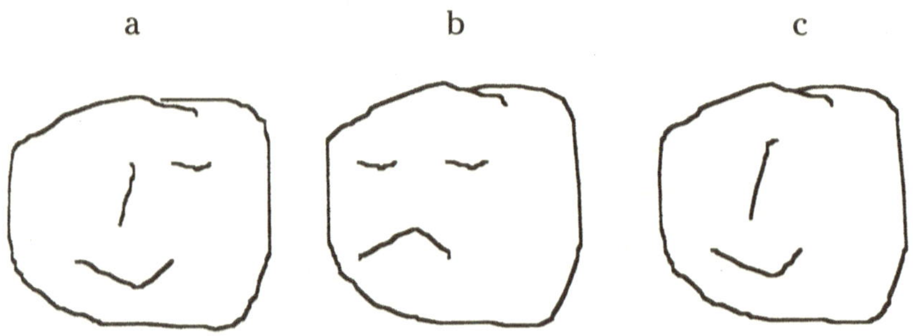

Figura 2: Ejemplos de rostros humanos.

Es importante que el todo preceda a las partes; el todo necesariamente entrega información a éstas. Las partes adquieren su significado a partir de la totalidad en que están insertas, y el todo incluso puede entenderse en su sentido más relevante cuando se dejan de lado algunas de las partes pertinentes (ver Fig. 2).

En las figuras *a* y *b*, es fácil reconocer un rostro humano y su expresión; mientras que en la figura *c*, el rostro sólo puede ser reconocido si se completa imaginariamente la figura con uno o ambos ojos. Esto también ilustra cómo el cambio de una parte puede modificar el significado de la totalidad y cómo el lugar de la parte en el todo define el significado de las partes.

Las investigaciones reportadas por Solomon Asch (1946-1961) sobre cómo se forman las impresiones de la personalidad establecieron de diferentes maneras que tales formaciones son impulsadas por un proceso organizado y que las características se perciben en sus relaciones dinámicas con otras características. "Sin embargo, desde un comienzo, nuestra impresión es unificada, es la impresión de *una* persona" (p. 238). Las diversas características funcionan en conjunto para producir la idea de una persona entera. "La impresión general no es un factor añadido a los rasgos particulares, sino más bien la percepción de una forma particular de relación entre los rasgos" (p. 239).

La percepción del contenido de un atributo central en una sola persona puede sufrir un cambio para otra persona como consecuencia de la relación de este atributo en el conjunto de rasgos circundantes en esta última. Aquí se observa el proceso de agrupación o categorización descrito por Wertheimer.

La unidad percibida por el observador contiene agrupaciones o categorías cuyas partes están más íntimamente relacionadas entre sí que con partes de otras agrupaciones o categorías. Para Asch, estaba claro que las características básicas de su investigación también son aplicables a los juicios sobre el comportamiento de determinadas personas en un intervalo de tiempo dado.

Para una terapia basada en la teoría gestalt, este hecho implica que cuando observamos a alguien, sólo podemos ver sus actitudes y comportamientos característicos como partes de la persona total. Como partes de un individuo en su totalidad, estas actitudes y conductas dejan de existir como entidades aisladas y sólo pueden ser percibidas por su mutua interacción dinámica. Un cambio en una de las partes puede alterar no sólo esta actitud o conducta, sino también otras características de la personalidad. Como parte de un todo, un elemento desarrolla su pleno contenido, valor o significado cuando "encaja" dentro del todo y cuando este contenido, valor o significado cambia con una modificación en el contexto.

5.10 Traducción al lenguaje terapéutico

Un cliente consulta a un terapeuta porque se encuentra en una situación problemática. Sin embargo, su definición del problema no es necesariamente compatible con lo que su cuerpo le muestra al terapeuta. Como psicoterapeuta, me baso en lo que veo según lo que el cuerpo del cliente me muestra, idealmente sin interpretarlo, aunque, por supuesto, eso rara vez es posible, ya que interpreto casi continuamente.

Ejemplo clínico

Cuando John, de 49 años, entró, me impresionó cuán tenso se veía. Llevaba traje gris y corbata de seda roja. Hablaba con frases mesuradas sobre su trabajo; era jefe en una gran empresa. Su voz era plana y monótona, pero cada vez que mencionaba a su familia, especialmente a su hijo (quien hace poco lo había acusado de no tener nada mejor que hacer que dormirse frente al televisor cuando llegaba a casa), se entristecía, con lágrimas en los ojos, y luego suspiraba, quejándose de cuán cansado estaba de la situación y que se sentía muy presionado por los demás. Se sentía como si estuviera vacío, como sin entrañas y falto de energía. Y luego pareció rehacerse, diciendo: "Sin embargo, todo va bien, tengo mucho trabajo en este momento, pero eso acabará pronto". Mientras lo miraba y escuchaba lo que decía y cómo lo decía, sentí brotar algo de tristeza en mis propios ojos y me sentí muy cansado. Le respondí: "Mientras me dices esto, noto pena y lágrimas en tus ojos y no puedo evitar pensar en cuán profunda debe ser tu tristeza y probablemente cuán agotado estás. Sin lugar a dudas, has estado tratando de superar esta situación durante mucho tiempo. Debe ser abrumador para ti".

En estas circunstancias, para intentar aclarar la situación, puedo traducir a palabras lo que sucede, poner en primer plano todo lo que su cuerpo y el mío me están diciendo. Mi intervención consistió en verbalizar mi percepción y sensación. En cuanto a la atención a los procesos del cuerpo, lo primero es evitar atribuir más importancia a un fenómeno que a otro. El paciente se pone a mi disposición para todo lo que desee comunicar. Está su voz, no sólo sus palabras, y también la melodía de sus frases, lo que dice con sus ojos, boca, nariz, manos y pies.

5.11 Mi caja de almacenamiento

Guardo mis observaciones en lo que llamo mi "caja de almacenamiento", hasta que las necesite la próxima vez. Y entonces las escojo a sabiendas de que todas son igualmente importantes. Al mismo tiempo, estoy consciente de mi propia sensación corporal, la sensación de lo que surge en mí, lo que siento en relación a lo que el cliente me muestra con su cuerpo. Luego, a partir de todas las observaciones e impresiones, comienza a emerger un patrón donde algunos elementos cobran más relevancia que otros.

Y así el proceso se repite en la siguiente sesión. Esto es lo que Lewin llama "aproximación gradual". "La representación dada en la primera aproximación no será destruida; por el contrario, será elaborada e integrada a la segunda aproximación, ya que desde el comienzo se tiene en cuenta la situación global" (Lewin, 1936, p. 17).

Paso a paso, minuto a minuto, dirijo mi mirada a las mismas cosas desde diferentes ángulos y dejo que todas mis interpretaciones confluyan en la caja de almacenamiento hasta que ciertas intervenciones se repitan viniendo a mi mente —o cuerpo— y me permito traerlas al diálogo. En algún momento se revela el hilo conductor de la historia del cliente.

La forma en que se relaciona una persona con el mundo y su situación se revelará a través de su cuerpo. El cuerpo lleva integrada la situación tal como la vive, y si uno se concentra en un elemento específico aislado, algo se perderá. El cuerpo del cliente expresa la totalidad de sus relaciones con su mundo.

La terapia gestalt, más que cualquier otra, está orientada al cuerpo, y no porque esta sea una especialidad del gestaltismo, sino porque, por excelencia, somos seres situados en nuestro cuerpo. El cuerpo es lo que nos sitúa. Por esta razón somos alguien *"some-body"*, y si no nos encontramos y no nos encarnamos, somos nadie *"no-body"*, somos invisibles, no existimos. Lo primero que podemos hacer cuando aparece un cuerpo, cuando se nos presenta "alguien"[11], es tratar de describir lo que estamos viendo y recoger nuestras impresiones para entrar en contacto con lo que está sucediendo aquí y ahora mientras veo a la persona como ella se presenta ante mí. Luego hay que tratar de establecer la dirección de la encarnación o corporeización. ¿Qué propósito puede haber en ello? ¿Cómo está encarnando el significado que tiene la situación para él o ella, con todos los elementos constitutivos que forman un tipo de significado, un tipo de dirección?

Luego de los múltiples cursos de formación que realizamos para profesionales y de las numerosas sesiones terapeuta-cliente filmadas (ver Malfait y Wollants, 2005), llegamos a contar con una sólida base que nos permite confirmar que las intervenciones guiadas del cuerpo son intervenciones potentes que apuntan directamente al núcleo de nuestra misión.

Como observara Gendlin (1970), la guía proveniente del cuerpo da lugar a un proceso de autopropulsión. Al ayudar a las personas a acceder al significado de su sensación corporal con respecto a su situación, este significado se impulsa y expresa a sí mismo en las palabras adecuadas. Las palabras completan el sentido de la situación del cuerpo, y los movimientos corporales completan el sentido de las palabras, confiriéndoles un sentido de direccionalidad.

---

[11] Llamativo juego de palabras: *"some-body"*, en esta forma, se traduce literalmente como "algún-cuerpo", equivalente a alguien, mientras que *"no-body"* es "ningún-cuerpo", o sea, nadie (N. de los T.).

5.12 Desatar esquemas fijos

En mi opinión, es un error metodológico trabajar como terapeuta en función de los patrones o esquemas fijos del cliente surgidos durante el intercambio problemático persona-mundo.

Presentaré un ejemplo de una intervención terapéutica errada y, además, lamentablemente psicologizante:

> Un hombre está hablando sobre su jefe y cada vez que se aproxima a un tema determinado en la historia, se muerde los labios y se detiene. En esta situación, el terapeuta gestalt, trabajando en base al gestaltear congelado del cliente (y muchos hacen esto), le dice: "Estás retroflectando". Y el mismo terapeuta, según la tendencia actual, quizás desee que su cliente detenga su retroflexión, e intervenga con algo como: "Larga de una vez lo que estás rumiando. Dile a tu jefe lo que tienes en mente. Sácatelo del pecho".
>
> En contraste con esta tendencia, y en consonancia con el enfoque orientado al cuerpo, yo presto atención a lo que éste encarna y confirmo la emoción expresada por el cuerpo del cliente al morderse los labios. Podría decir, por ejemplo: "En este momento de tu historia, parece que quieres decir algo, pero no lo expresas. Entonces, imagino que de alguna manera me quieres mostrar lo que está ocurriendo dentro de ti. ¿Sientes que algo —lo que sea— quiere salir de ti?".

Los terapeutas gestalt tienden demasiado a basar sus intervenciones principalmente en los aspectos defectuosos o evitativos de las interacciones de sus clientes con su entorno, es decir, dan excesiva importancia a lo que *parecen* ser impedimentos o imposibilidades, en lugar de centrarse en las posibilidades. Por ejemplo, suponga que su cliente no se fija en usted y, mientras le habla, mira hacia fuera por la ventana. En ese caso, usted tiene una opción: podría destacar la conducta evitativa de su cliente. Por ejemplo, podría decir: "Estás apartando la mirada de mí...". Por otra parte, podría abrir un espacio de posibilidades para su cliente y decir: "Tengo la impresión de que hay algo que quieres ver, pero por el momento no te sientes suficientemente seguro como para expresarlo en palabras...".

5.13 Estructura y postura del cuerpo

Todos tenemos una estructura corporal básica similar. No hay ninguna otra estructura que se asemeje tanto a la estructura del ser humano como la de otro ser humano.

Sin embargo, en esta estructura similar existen características y variaciones individuales. Estas variaciones en la estructura corporal entre las personas (las tensiones, posturas, movimientos y expresiones característicos de las partes del cuerpo) son importantes para los terapeutas interesados en el procesamiento corporal. Kepner (1993) atribuye las variaciones individuales del cuerpo a la capacidad de adaptación de la postura corporal. Estas variaciones no son cuestión de elección consciente, como tampoco lo son la mayoría de las posturas y tensiones musculares de las que se percata el sujeto, aunque sí podrían serlo la incomodidad y el dolor que causan. La postura sufre adaptaciones en la lucha involucrada en el contacto con partes importantes del mundo, y a la larga, las expresiones se incorporan al cuerpo, llegando a ser un aspecto inherente del mismo. Una postura corporal adaptativa se constituye a partir de nuestras formas de contacto durante los años de ajuste creativo. Tales adaptaciones ayudan a definir nuestras actuales relaciones con el entorno, es decir, con las personas, instituciones, sistemas y la naturaleza. Ontogenéticamente, lo que una vez fue un proceso momentáneo de ajuste flexible, en el intercambio con el ambiente se transformó hasta convertirse en una Gestalt fija. El que ésta ayude u obstaculice al individuo dependerá de su intención.

Kepner (1993) especificó las condiciones que caracterizan a las posturas adaptativas y sus correspondientes tensiones. Tratar de cambiar posturas inadaptadas por medios meramente físicos no basta y está condenado al fracaso. Un terapeuta gestalt se centra igualmente en el repertorio de posturas de su cliente, explorando los significados (objetivos, intenciones) que participan en el desarrollo y mantenimiento de cada una de ellas. Dialogando con el cliente, intenta averiguar cómo experimenta sus posturas. En los experimentos posturales que los terapeutas y sus clientes deciden llevar a cabo, se enfatiza el aumento de la toma de conciencia de cómo su situación impactará en el cliente en el largo plazo.

Los terapeutas gestalt no proponen modificar las adaptaciones posturales de sus clientes, sino que exploran lo que ocurriría si ciertas posturas sufriesen pequeños cambios. Al aumentar la toma de conciencia del cliente respecto a lo que su cuerpo le está diciendo sobre su situación y disminuir su ansiedad acerca de los secretos de su cuerpo, se facilita la ampliación de sus opciones.

Un terapeuta jamás debería proponer hacer cambios en la postura corporal sobre la base de un prejuicio personal. Por lo tanto, para evitar perder al cliente por su prejuicio, debe deducir de la postura presentada en primer plano la estructura contrastante no-presente de fondo. Una estructura no-presente no es una estructura ausente; efectivamente está presente, pero al estar en el fondo, no se manifiesta.

Al prestar atención a la postura no-presente de fondo, el terapeuta puede ayudar a su cliente a descubrir posibilidades liberadoras hasta ahora insospechadas para él. Ambas estructuras necesitan ser exploradas, por ejemplo, solicitando al cliente que alterne físicamente entre ambas. Los terapeutas gestalt no suelen buscar tanto como deberían la potencia movilizadora presente en las posturas adaptativas.

Dicho de otro modo, los terapeutas deberían prestar atención a lo que moviliza las interacciones persona-mundo, y no sólo a lo que las bloquea.

CAPÍTULO 6

LA SITUACIÓN TERAPÉUTICA EN LA PRÁCTICA

Las características más
importantes de una situación
son lo que es posible y
lo que no es posible
para la persona en esta situación.

—Kurt Lewin (1936, p. 14).

Capítulo 6

LA SITUACIÓN TERAPÉUTICA EN LA PRÁCTICA

En la práctica clínica,
antes que un cliente individual,
se nos presenta una situación.

—M. McConville (2000).

La psicoterapia se ocupa de unidades situacionales. Toda conducta (actuar, pensar, desear, buscar, valorar el logro, retener, planificar, etc.) se puede entender como un evento que transcurre en una determinada unidad de tiempo y espacio, que surge en una situación y simultáneamente la modifica.

Cada situación consiste en la relación de una persona y un ambiente psicológico en particular, tal como existe para ese individuo. Este entorno también se puede denominar "el mundo de la persona", que es un término más existencial. Por ende, todo lo que influye en las interacciones de una persona y su mundo son parte de la situación. Luego, en terapia, si uno se da cuenta de que algo está teniendo un efecto, simultáneamente se percata de que esto está en el campo.

Hay tantas situaciones como personas que forman un grupo terapéutico. El mundo de cada una de las doce personas que integran un grupo de terapia en particular es diferente para cada una. Y, por consiguiente, también hay doce situaciones diferentes, compuestas por las distintas formas en que las diferentes personas reaccionan a sus distintos mundos.

La situación terapéutica es un tipo especial de situación. La atención se centra en las relaciones persona-mundo *del cliente*, y no en las relaciones persona-mundo del terapeuta. La situación terapéutica permite estudiar, explorar, experimentar con y restablecer el tipo de interacciones que requiere la situación del cliente. La situación terapéutica es inherentemente nueva y exige nuevas posibilidades para el ajuste creativo.

El objetivo general de la terapia gestalt es ayudar a los clientes a recuperar la libertad para responder adecuadamente a las exigencias de su situación, es decir, para formar una gestalt de (organizar) su interacción con el ambiente, de modo que la relación satisfaga las exigencias de la situación en su conjunto, permitiéndole al cliente completar las tareas de desarrollo que estén detenidas (ver Capítulo 1, p. 12).

La asistencia del terapeuta gestáltico se puede describir como un conjunto de tareas facilitadoras. Los métodos y técnicas terapéuticos pretenden, en primer lugar, ayudar al cliente a explorar sus interacciones con su mundo. Sea cual sea el método, técnica o experimento utilizado o realizado durante la terapia, debe estar subordinado a la relación terapéutica (ver experimentos más adelante).

A continuación analizaremos las principales cuestiones metodológicas que son importantes para una aproximación teórica a la terapia gestalt.

6.1 Explorar la estructura actual de la situación aquí y ahora

Perls y colaboradores proponen una terapia que consista en "concentrarse en la estructura de la situación real" (PHG, 1994, p. 13, p. 61). "Para los fines terapéuticos de la terapia, sólo está disponible la estructura actual de la interacción persona-mundo" (p. 69). Se puede afirmar con certeza que la situación terapéutica es una muestra adecuada de muchas de las situaciones importantes en que el cliente participa en su vida cotidiana (por ejemplo, la forma en que él y su mundo interactúan y cómo se organiza esta interacción). En primer lugar, la terapia gestalt es una investigación fenomenológica del cliente, con la ayuda del terapeuta, sobre la forma en que se configura su situación actual, es decir, cómo interactúan él y su mundo y cómo se organiza esta interacción. Como lo describiera Laura Perls en una entrevista (1992b, p. 21), es una *terapia gestalteante* (*Gestalting therapy*).

"Tomo al paciente tal como se presenta en el momento... y a partir de ahí, hacemos contacto uno con el otro estrictamente sobre la base de nuestra conciencia mutua inmediata en ese momento. *Por lo general, centrarse en aquello que es, y no en lo que no es o en lo que debería ser, le proporciona al paciente apoyo suficiente*" (Laura Perls, 1992, p. 116, cursivas en el original).

"La experiencia real de cualquier situación actual no necesita ser explicada o interpretada; se puede contactar directamente, sentir y describir en el aquí y ahora" (Laura Perls, 1992, p. 8). Según este punto de vista, Van Dusen (1965a-1975) afirma que "invocar lo real" para traer al presente los intereses o preocupaciones centrales de la situación es una de las principales tareas terapéuticas.

La actividad fundamental del proceso terapéutico consiste en destacar lo que *es*. En palabras de Lewin: "La representación correcta de lo que es, al mismo tiempo es una explicación de lo que está sucediendo" (Lewin, 1936, p. 83).

Una reconstrucción fenomenológica de la forma en que gestaltea (organiza) su situación actual junto con el cliente también sirve como método terapéutico y al mismo tiempo es el propio proceso terapéutico. "Estudiamos la organización del campo organismo-ambiente para completar sus situaciones inconclusas" (PHG, 1951 a 1994, p. 36). La función esencial de un experimento gestáltico es realzar la toma de conciencia de la persona acerca de lo que es y necesita, pero no de lo que debería ser. El objetivo del experimento es que el cliente vivencie la ansiedad, bloqueos y necesidades de su situación de vida.

Goodman define la tarea terapéutica como autoorganización en una emergencia experimental segura, haciendo que el cliente se concentre en su situación actual (1951-1994, p. 65). En base a su observación del cliente y a su conocimiento de los procesos terapéuticos, ante una situación de emergencia el terapeuta está en mejores condiciones de elegir, en forma segura y cautelosa, cómo manejar la situación de la mejor manera posible. A grandes rasgos, esto puede ser descrito de la siguiente manera (ver PHG, 1951-1994, p. 64):

- El cliente, como pareja activa en la situación terapéutica, se concentra en lo que percibe, siente, piensa, expresa, hace en el momento. En su intento de explorar estas manifestaciones, prioriza sus sensaciones y movimientos corporales, sus gestos, reacciones y expresiones verbales.
- El cliente tiene vaga conciencia de lo que está ocurriendo en este sentido. Empieza a atrapar su atención, y su percepción se agudiza debido a que el escenario terapéutico lo invita a entrar profundamente en ello.
- Se estimula al cliente a seguir lo que surge, y a explorar, ampliar y dirigir lo que viene y relacionarlo con su situación actual.
- Al llevar a cabo este proceso, el cliente reacciona con ansiedad ante la situación inconclusa emergente subyacente e inherente a la situación y la acción necesaria. Frente a este desafío, tiende a recurrir a sus pautas de pensamiento habituales, actitudes usuales y respuestas fijas, como si las situaciones reveladas por el experimento o ejercicio fueran las mismas que las que ya ha experimentado.
- Pero la situación terapéutica es nueva, en el sentido de que representa la necesidad, tarea o requisito inconcluso o no completado. La nueva situación trae consigo las tareas de desarrollo inconclusas aún existentes. Esto genera una sensación de emergencia, pero controlable, algo que el cliente y el terapeuta saben. Por lo tanto, la emergencia en la situación terapéutica se experimenta como segura y sin riesgo.
- En esta situación de emergencia segura, el cliente toma cada vez más conciencia de la intención subyacente y de la dirección de su reacción habitual, por lo que esta intención se vuelve dominante y forma una nueva figura-fondo (gestalt).

Al enfocar su atención en la estructuración de su situación actual, el cliente se encuentra en el centro de su problema. Desde el punto de vista del contenido, la situación de emergencia a la que se enfrenta equivale a la de la emergencia que enfrenta a diario. Pero hay una gran diferencia: en la situación terapéutica, la emergencia crónica de bajo grado vivenciada en la vida cotidiana se ve ahora enaltecida a una emergencia actual, de alto nivel de participación asistida por excitación y ansiedad, y sin embargo, subjetivamente es controlable y segura al ser apoyada por el terapeuta. En estas condiciones, hay grandes probabilidades de que el cliente encuentre una estrategia para enfrentar la emergencia y la ansiedad y terminar con un proceso de ajuste creativo, en lugar de un proceso de configuración figura-fondo rigidizado.

Entonces, la terapia gestalt consiste en que el cliente, en interacción con el terapeuta, reorganice su situación en emergencias experimentales seguras (PHG, 1951/94, p. 51). En esta nueva situación —es decir, la situación terapéutica—, el cliente se enfrenta a los aspectos de la emergencia crónica de la vida cotidiana, pero esta vez se le desalienta a poner en práctica la implementación de sus respuestas habituales. Los ingredientes activos de este proceso terapéutico son: la reorganización de la situación, el poder formativo creativo en cada persona como parte activa de la situación, y el conocimiento y pericia del terapeuta.

6.2 La conciencia relacional de la situación

El terapeuta y el paciente crean en conjunto una nueva situación. Desde la primera sesión terapéutica, el terapeuta gestáltico entra en una situación construida por las interacciones del cliente y él mismo.

En primer lugar, como terapeuta gestáltico, debo considerar la composición de la situación concreta actual tanto del cliente como la mía; y antes de investigar por separado la experiencia de ambos, debo examinar cómo nos afecta esta situación. La experiencia pertenece a la primera situación; y durante la situación terapéutica, el cliente y yo podemos diferenciar juntos progresivamente nuestras experiencias mutuas.

Esto también significa que, como terapeuta, debo mantenerme concentrado en el significado de mi propia conducta y experiencia como pertenecientes, en primer lugar, a esta situación. Esta orientación me impide sustraerme de la situación, sobrecargar al cliente con la responsabilidad del problema que me está revelando, reforzar su tendencia y la mía a recorrer una vez más el camino tan trillado y atribuir a su pauta problemática aquello que aparece en la situación terapéutica.

En su último libro, *El enfoque gestalt y testigos de terapia* (1973), Fritz Perls ofrece una de las más hermosas descripciones de la relación terapéutica: "Si el terapeuta se oculta tras la empatía, priva al campo de su instrumento principal. El terapeuta gestáltico debe tener una *conciencia relacional de la situación global*" (p. 105, las cursivas son mías). Permanece en contacto con la situación total actual de la que él y el cliente son parte —tanto de sus propias necesidades y reacciones ante el paciente como de las necesidades y reacciones de éste. Se siente con la libertad de expresarse al servicio de la evolución de la situación.

Aquí Perls enfatiza la necesidad de que el terapeuta gestáltico esté constantemente consciente de la importancia de cada interacción del cliente y suya, pero también la voluntad y capacidad de ingresar participativamente en la situación terapéutica. Todo lo que sucede en la interacción terapéutica es parte de un proceso de figura-fondo, es decir, un proceso en que las figuras emergen de un fondo de la situación formada por el cliente y el terapeuta.

Involucrado en la situación como parte de la misma, el terapeuta comprende los aspectos relevantes de la situación total. Se inmiscuye en lugar de desconectarse, haciéndose pasar por un observador neutral benevolente sentado en el banquillo. Está dispuesto a supervisar lo que sucede en la relación entre el cliente y él, para que la inmediatez de la situación pueda ser utilizada para descubrir y explorar las formas en que el cliente enfrenta los temas de su situación. Es decir, el terapeuta está dispuesto a revelar y develar aspectos de su ser que se ven afectados, ya que es un participante en la situación del cliente. En efecto, la interacción entre ambos durante el desarrollo de la relación constituye el trabajo curativo.

6.3 La situación en su conjunto es anterior a las partes

Una psicoterapia basada en la teoría gestalt se caracteriza por que nos acerquemos a la situación como un todo. Una persona y su mundo forman dinámicamente una situación total y jamás debieran ser considerados ni tratados como entidades separadas. Los conceptos de "persona" y "mundo" son meras abstracciones de la situación. La terapia gestalt se inicia con la investigación de la situación total, en lugar de escoger uno u otro elemento y abstraerlo de su inclusión en una situación.

La situación precede a las partes. Cada parte depende de la totalidad concreta en que se produce. Por lo tanto, la comprensión de las condiciones globales *debe* preceder forzosamente a la consideración de la importancia de las partes. La totalidad constituye la carne y la sangre de las cosas dadas en la experiencia (*Gegebenheiten*); el *cómo* y el *qué* de la misma se encuentran en el todo. Una orientación integral requiere de un procedimiento descendente, en lugar de un proceso ascendente (Wertheimer, 1925-1938, p. 4).

Entonces, obviamente, la tarea es investigar estas condiciones totales y descubrir qué influencias ejercen sobre la experiencia. Wertheimer sostiene que mi situación también se compone de quién soy yo. Desde el comienzo mismo no hay una definición individual bien delineada y nítida y de un ser frente a otros seres. Primero aparezco como una parte funcional de la totalidad del campo. Luego Wertheimer afirma que "El programa para tratar al organismo como parte de un campo más amplio exige reformular el problema en cuanto a la relación entre organismo y ambiente" (1925-1938, p. 6).

Wertheimer elabora sobre este punto: "La solución de un problema, el acto de comprender y asir lo que uno escucha o ve, el proceso de descubrir qué es un problema, ver el punto, el acto de pasar mentalmente de la incomprensión a la comprensión de una situación dada... todo esto tiene la cualidad esencial de ser procesos gestalt" (1922-1938, pp. 15-16). En general, podemos decir que un todo es significativo "cuando obtiene la dependencia concreta mutua entre sus partes" (ibíd., p. 16).

Es decir, en la práctica terapéutica, para comprender el significado de la conducta de una persona, hay que ver la relación dinámica funcional de esta parte del comportamiento en la totalidad de donde se origina. Tratar a una persona como parte de una situación exige reformular el problema en relación a esta persona y su ambiente. El significado de la conducta de una persona depende del todo.

El ajuste de las intervenciones terapéuticas a los aspectos relevantes de la situación total es posible sólo cuando el terapeuta es capaz de percibir todos los fenómenos en su inclusión, función y ambiente para que se entienda su significado e intención. Metzger denomina esta actitud *"Ganzheitliche Betrachtung"* (tener en cuenta la totalidad de la situación, 1954, p. 125). A partir de la situación global (*Gesamtsituation*), debemos considerar todas las fuerzas que influyen en la situación de la persona en el aquí y ahora: no sólo sus motivaciones, valores, actitudes, constructos, miedos, deseos, historia, expectativas y perspectivas de futuro, sino también las cualidades, restricciones, exigencias, expectativas, valores y normas del ambiente percibido. Metzger, en su artículo "Ciertas Aplicaciones en los Conceptos de la Gestalt" (1928), habla de "el análisis de un conjunto dado, separándolo en sus partes constitutivas, y el tenerlas en cuenta por separado no conduce a ningún resultado... sin embargo, es crucial una descripción minuciosa y completa de todas las partes, de los procesos y cualidades parciales del conjunto, tal como se ven o comportan en su lugar específico en el todo del momento actual y tal como no se verían o comportarían en otros lugares u otra ubicación dentro del mismo todo, ni como partes de un todo diferente, ni como algo separado e independiente".

6.4 La actitud fenomenológica: reconocer el mundo de lo fenoménico

La fenomenología es un término amplio que abarca tanto un movimiento filosófico (Husserl) como un enfoque de la investigación aplicada en las diferentes ciencias que estudian los fenómenos existenciales y las dimensiones de la vida (Heidegger, Sartre, Merleau-Ponty). La fenomenología es también una manera de hacer investigación cualitativa, que es una alternativa a los métodos clásicos de investigación utilizados en las ciencias empíricas, que se basan en el positivismo lógico y el atomismo.

Hablamos de actitud fenomenológica cuando nos referimos a la aplicación de criterios fenomenológicos en las profesiones de ayuda. La atención se centra en la situación concreta, la totalidad de las relaciones de la persona y su mundo, su estar-en-el-mundo corporeizado o encarnado, su estar con los demás y su experiencia por lo dado de la situación actual.

Este ser situado no se trata de la experiencia subjetiva interna; al contrario, se trata de las dimensiones esenciales de la propia existencia: estar-ahí (*das Da-sein*), es decir, el ser-en-el-mundo (Heidegger, 1927/53). El hombre siempre es un ser en el mundo; sólo podemos conocernos a nosotros mismos a través de ser-en-el-mundo. Este hecho se resume en una observación de Merleau-Ponty: *"il n'y a pas d'homme intérieur, l'homme est au monde, c'est dans le monde qu'il se connaît"* (1945, p. 5) (No hay ser humano interno, el hombre está en el mundo, es en el mundo donde se conoce a sí mismo).

Metzger ha definido muy bien la actitud fenomenológica: "Simplemente aceptar los hechos tal como son, aunque parezcan insólitos, inesperados, ilógicos o sin sentido, e incluso si contravienen las formas habituales de pensar y axiomas indiscutibles. Dejar que las cosas hablen por sí mismas, sin caer en lo que sabemos o hemos aprendido anteriormente, o en lo obvio, en el conocimiento del tema, en las demandas lógicas de los prejuicios lingüísticos o en las deficiencias de nuestro vocabulario. Es estar delante de la cosa con respeto y amor, y en todo caso, reservar nuestras dudas y desconfianza de las premisas y conceptos que hemos utilizado hasta ahora, para entender el mundo de los datos..." (1968/2000, p. 12, en alemán, traducción Sinico, 2003, p. 114).

Koffka da una definición más modesta: *"Para nosotros, fenomenología significa una descripción de la experiencia directa tan natural y plena como sea posible"* (1935, p. 73).

Los sujetos de este tipo de exploración también son sus objetos. El desafío de la investigación fenomenológica es ayudar a los participantes a describir de la forma más directa posible lo que vivencian, sin valorar o explicar, y haciendo caso omiso de los pensamientos y sentimientos que son influenciados por lo que uno espera pensar o sentir, vale decir, "conocimiento común" dado.

La famosa frase de Fritz Perls, "Pierde tu cabeza y despierta a tus sentidos", no significa que no se nos permita pensar, sino que debemos retornar a lo que se percibe y se puede describir cada vez que nos sentimos tentados a ver las cosas desde la perspectiva de lo que ya sabemos. Como dijera Arnheim: "La visión es percepción" (*Eyesight is insight*).

La terapia gestalt es una terapia fenomenológica, un tipo de investigación fenomenológica. Con la ayuda del terapeuta, el cliente explora su situación para tomar conciencia de aquellos aspectos y elementos que le son importantes. La tarea de facilitador del terapeuta es igual a la del investigador fenomenológico; el terapeuta viene a ser un investigador asistente en este proceso donde el cliente es el principal investigador.

Los fenomenólogos consideran que la observación plena y precisa, además de la descripción de los fenómenos, es la mejor manera de obtener toda la información necesaria. Ellos intentan posponer el enjuiciamiento por el tiempo que se requiera, dejan de lado sus interpretaciones, juicios y aclaraciones retornando una y otra vez a lo que está allí —o sea, a la "mismidad" (*whatness*) de la situación— y viendo qué tienen que decirnos los fenómenos únicamente si uno está dispuesto a escucharlos (Van den Berg, 1955, p. 62).

En el contexto terapéutico gestalt, los terapeutas se vacían lo más posible de todo tipo de constructos acerca del cliente. "Ponen entre paréntesis", en la medida de lo posible, sus teorías e hipótesis sobre las dinámicas hipotéticas de cuál puede ser la base de la conducta sintomática del cliente, de modo que éstas tengan un mínimo efecto en el intento de ver a su cliente tan claramente como sea posible, y por lo tanto proporcionar, en la medida de lo posible, un reflejo no distorsionado para que el cliente lo examine (Spinelli, 1989, p. 129).

Contraejemplo

En una misión de paz en Somalía, un grupo de paracaidistas holandeses fueron acusados de haber tenido relaciones sexuales con niñas africanas de 14 años que ofrecían sus servicios por algunos dólares. En un taller para facilitadores, utilizamos titulares de los periódicos como una introducción a este problema. Los titulares estaban plagados de prejuicios sobre los soldados y la actitud de los varones somalíes. A los alumnos les costó mucho vaciar su mente y concentrarse en la interacción de todas las partes involucradas en el contexto de la época y el lugar.

Les preocupaba la cuestión de cómo nuestros soldados pudieron ser tan inmorales. La incomprensión es resultado, entre otras cosas, de juzgar el comportamiento humano fuera de contexto, en este caso, desde una perspectiva totalmente desconectada de la situación concreta en el campo mismo. Si los alumnos hubieran prestado la atención adecuada al significado de la conducta de los soldados holandeses y de las niñas somalíes en su contexto situacional, podrían haber sido mucho menos críticos y haber visto lo que había que ver a través de los ojos de los somalíes.

6.4.1 Aceptar la verdad del cliente como su verdad

El cliente ingresa en cada nueva situación con constructos, actitudes, hábitos y creencias que se han formado en situaciones anteriores. Estos "sedimentos" influyen en el sentido que da a los elementos de su situación actual, un significado que a menudo no es válido en esta situación. La terapia gestalt sólo puede empezar aceptando la verdad del cliente, así como sus actitudes y creencias fijas, y explorando junto con el cliente lo que su existencia aquí y ahora significa para él desde su punto de vista fijo.

Para el cliente, la cristalización es un tipo de apoyo; él "sabe" lo que significa la vida para él, sabe de qué se trata vivir su vida minuto a minuto. No puede aceptar la idea de que alguien cuestione sus "sagradas" creencias y convicciones.

Las teorías (incluyendo las gestálticas) se pueden considerar totalidades congeladas que dirigen nuestras formas de ver, definir y valorar las situaciones. Pueden llegar a ser las construcciones que intervienen automáticamente en cada nueva situación. Sin embargo, como terapeutas gestálticos, no debemos olvidar que los constructos de significados de nuestros clientes (no obstante lo congelados que nos parezcan) son mucho más importantes para ellos que las construcciones idealizadas del terapeuta (también congeladas) sobre la madurez, la salud, la creatividad, etc., que este último se siente tentado a imponerle a su cliente (Thomas, 1999).

Siempre debemos empezar con las verdades y creencias del cliente, y durante la terapia es importante entenderlo desde su marco de referencia, y no desde un sistema de referencia “profesional” externo. Los constructos del cliente se basan en las experiencias del pasado que involucran diferentes situaciones vitales y los significados que saca a partir de esas experiencias. Estos constructos influyen en la forma en que el cliente experimenta la situación total, el significado que extrae de ella, y algo de gran importancia terapéutica: lo que puede dejar o no que suceda y acerca de cuáles fenómenos él puede permitirse tomar conciencia y de cuáles no.

Si el terapeuta intenta “rectificar” los supuestos que el cliente deduce de su experiencia, puede esperar mucha más “resistencia”. Pero si reconoce la percepción de la verdad del cliente, la ansiedad del paciente disminuye a tal punto que está dispuesto a explorar otras formas de configurar sus relaciones e interacciones con los aspectos importantes de su mundo.

Ejemplo clínico

Una mujer de 40 años, casada, con dos hijos, uno de 15 años y otro de 12, se queja de dolor de cabeza crónico y depresión (ha utilizado antidepresivos durante años) y no está satisfecha con su marido, rechazando cualquier contacto sexual con él.

C: Mis hijos son lo más importante en mi vida, más que mi marido y yo. Él no me importa. Mis hijos valoran que yo sea su madre; yo siempre estoy en casa para ellos cuando vuelven de la escuela. Siempre seré su mamá y ellos dan sentido a mi vida. ¿No es cierto que [mirando al terapeuta] ser una buena madre es aún más importante que ser feliz? [El terapeuta guarda silencio]. No me importa estar siempre en casa; siempre y cuando ellos sean felices, yo soy feliz.

T: ¿Qué crees que sucederá cuando los niños ya no necesiten más el tipo de cuidados maternales que les brindas? Incluso un buen día quizás se avergüencen de ese tipo de cuidados.

C: La gente me dice que eso será un problema cuando sean adultos, ya que no les va a gustar vivir conmigo. Pero se equivocan: mis hijos siempre me necesitarán y vendrán a visitarme todos los días, y yo siempre seré su madre, pase lo que pase.

T: Tengo la impresión de que tú los necesitas a ellos más de lo que ellos te necesitan a ti.

C: No, no, no [protesta a través de sus gestos corporales]. No conoces a mis hijos.

En este ejemplo, el terapeuta no está reconociendo la verdad de su cliente y, como resultado, empezará a tener problemas.

Al mismo tiempo, los terapeutas son sensibles a otros aspectos situacionales de las relaciones de los clientes con su mundo, aspectos que también deben ser explorados, pero que están ocultos por la manera fija (estática, rígida) en que el cliente enfrenta el mundo. El arte terapéutico consiste en la capacidad de lograr un equilibrio entre la confirmación de las experiencias del cliente y la apertura de posibilidades que éste aún no ha visto. El cliente necesita de otra persona (un terapeuta) para descubrir estas posibilidades encubiertas que está pasando por alto.

El objetivo general del tratamiento es recuperar la integridad de la existencia del cliente y devolverle la libertad que ha perdido mediante las formas fijas de interacción con el ambiente. Además, se intenta ampliar la variedad de respuestas del cliente ante las exigencias de la situación total, de modo que la persona y el mundo interactúen entre sí en formas que satisfagan mejor estas exigencias.

A lo largo de la vida hay momentos en que las personas deben cambiar radicalmente su orientación ante el mundo (Levy, 1943, 1997; Crochetiere y otros, 2001, p. 149.). Cuando sus constructos o sus puntos de vista sobre sí mismos y el mundo impiden un ajuste creativo a la situación, se hace necesario un cambio en los constructos y sus creencias. Este es principalmente el caso en aquellos períodos de transición propios del proceso de convertirse en lo que uno está destinado a ser. Los trastornos surgen cuando hay demasiado poco apoyo a las necesidades de desarrollo de la persona-situación, o cuando existe un mal ajuste entre las necesidades de desarrollo y los recursos disponibles, además de las capacidades de la persona y/o el ambiente.

La resistencia es asistencia: las defensas, respuestas rígidas y perturbaciones de contacto son los intentos de cumplir con las necesidades de desarrollo. En las llamadas defensas, hay esfuerzos y luchas fundamentales en el camino hacia la realización de una importante necesidad en el desarrollo (ver Capítulos 2 y 4).

Desde este punto de vista, es terapéuticamente ineficaz confrontar al paciente con sus defensas. Lo ayudamos cuando vemos los trastornos a través de sus ojos y cuando él nos percibe tratando de entender la intención de sus pautas o su significado protector (Laura Perls, 1992; Jacobs, 1995 p. 156).

6.4.2 Crear un terreno receptivo: suspender temporalmente todos los preconstructos

Una actitud fenomenológica implica el esfuerzo de suspender temporalmente todas las presuposiciones, constructos, interpretaciones, opiniones, teorías y clasificaciones en relación a nuestros clientes, sus síntomas o trastornos. A menudo este proceso —denominado "poner entre paréntesis"— se malinterpreta como un esfuerzo por ser objetivo y neutral. Pero, en realidad, es mucho más una actitud de apertura al mundo del otro, un intento de ver ese mundo desde una perspectiva nueva y prestar mayor atención a las opiniones de los clientes con una auténtica voluntad de abrir todos nuestros sentidos a ese mundo, para que el fenómeno se pueda presentar y expresar ante nosotros sin que impongamos nuestras ideas preconcebidas sobre el mismo.

Esta regla nos invita a desechar todo lo que pudiera interponerse entre nosotros y los fenómenos que estamos viendo, a vaciarnos de nosotros mismos para abrirnos, en la medida de lo posible, a observar los fenómenos que van desarrollándose, de modo que nuestras interpretaciones y conclusiones posteriores se basen lo más posible en la experiencia inmediata.

Como terapeuta, no sólo estoy plagado de constructos (opiniones, pensamientos, interpretaciones y prejuicios); también me veo afectado por numerosas sensaciones, sentimientos y emociones. Mis constructos y sentimientos me pueden dificultar abrir mi mente y mi corazón al modo de mirar el mundo del cliente, a menos que yo sea capaz de abstraerme de cualquier preconstructo y utilizar mis sensaciones como indicadores de los efectos de las sensaciones del cliente en mí. Mientras los constructos deben ser dejados de lado, los afectos a veces pueden utilizarse para comprender mejor la situación. No me es posible formar parte de la situación del cliente si entro en ella abrumado por un cúmulo de ideas, constructos, expectativas, prejuicios, sentimientos y emociones.

Ejemplo clínico

Una mujer casada de 34 años es derivada por su médico a un psicoterapeuta. Ella le dice al terapeuta que todas las noches la "Muerte" se sienta a los pies de su cama. Tiene miedo de que si se duerme, se enfrentará a la Muerte sentada en su cama. Su marido le sugiere que intente explorar con los brazos los pies de la cama para saber si hay alguna resistencia física que pudiera explicarse por la presencia de alguien o alguna entidad allí, pero no sintió nada con los brazos. Para su marido, esto demostró que no había nadie, por lo que debían ser imaginaciones suyas y se negó a prestarle más atención al asunto. Comenzó a tomarse un trago de whisky todas las noches para atreverse a dormir. Su médico le recetó somníferos. Sin embargo, eso no la ayudó y seguía convencida de que la Muerte se sentaba a los pies de su cama todas las noches al final del día. Se preguntó si la psicoterapia podría ayudarla a solucionar su problema. Desde luego que en este momento, diversos pensamientos y sentimientos, además de palabras y oraciones, pasan por la mente del terapeuta, incluso haciéndose sentir en la boca del estómago.

En primer lugar, daré un ejemplo de tres reacciones al relato de esta clienta que provienen de un fondo no vaciado, no receptivo, cerrado. Las reacciones 4 y 5 proceden de una base más receptiva y abierta que aborda los sentimientos que la clienta pueda experimentar.

Terapeuta 1: *Parece que estás proyectando tu miedo en una imagen de la Muerte.*

Terapeuta 2: *Lo que ves se llama alucinación, es decir, se ven cosas irreales, cosas que sólo existen en tu imaginación.*

Terapeuta 3:	*Tu esposo se esforzó mucho para ayudarte. Dice que hay que ser realistas. La "Muerte" no existe como persona, es sólo una imagen, una forma de hablar.*
Terapeuta 4:	*Debe ser espantoso tener que enfrentarse a la Muerte sentada en tu casa de esa manera y no poder ignorarla.*
Terapeuta 5:	*Debe molestarte tener que enfrentarte a la Muerte todas las noches a los pies de tu cama, justo en el momento que deseas descansar y dormir.*

Es muy importante que el terapeuta sea receptivo a la peculiaridad de la situación de su cliente, a fin de crear un terreno óptimo y receptivo a sus experiencias. Debemos tener cautela con los supuestos teóricos que subyacen a nuestro enfoque. La forma en que el paciente ve su mundo, sus puntos de vista sobre la masculinidad y la femineidad, la salud, el dolor, la muerte, las pérdidas, etc., son más importantes que la forma en que nosotros pensamos y sentimos en relación a esos temas.

6.4.3 La situación debe ser observada y descrita con la mayor precisión posible

Esta recomendación se desprende de la anterior. No deje que su descripción sea interferida por la información que recibió de antemano (por ejemplo, un informe del psiquiatra que le envió al cliente), por las nociones de su base teórica o por cualquier etiqueta diagnóstica. Para su propio beneficio y el de su cliente, ponga lo observado en las palabras más simples posibles.

Ejemplo clínico

Johan, de 55 años, es empleado de la municipalidad de una ciudad pequeña. No tiene hijos. En sus primeras afirmaciones, emite juicios de valor sobre su comportamiento. El terapeuta acepta los preconceptos del cliente acerca de sí mismo y al mismo tiempo le proporciona un nuevo marco para explorar la experiencia, pensamientos y sentimientos en lo más profundo de sus relaciones persona-mundo.

C: La relación con mi esposa es de tipo fusional. No tengo identidad. Mi hermano dice que ella me domina, y le "escucho" pensar que soy cobarde.

T: Ahí estás utilizando algunas palabras más bien técnicas. Me interesa saber cómo te sientes. Al parecer, no te molesta la forma en que describiste la relación con tu esposa. Te estoy escuchado bien, ¿cierto?

C: [Sonríe]. ¿Quieres decir que me estoy ocultando detrás de un muro de palabras al explicar las cosas?

T: Me refiero a que utilizas un lenguaje psicológico. A modo de experimento, me pregunto si sólo podrías describir lo que experimentas cuando tu esposa trata de dominarte. ¿Cómo se llama ella?

C: Lisbeth [sonríe].

C: No me doy cuenta de que racionalizo cuando intento describir mi situación. Mi esposa me critica mucho. Cuando lo hace, trato de entender sus acusaciones y no dramatizar todo lo que me lanza todas las noches cuando vuelvo a casa del trabajo. Me apunta con el índice, increpándome que soy un bueno para nada, que no tengo ambiciones. Dice que me fusiono con ella, que no poseo una personalidad propia y que actúo como si fuera una víctima [nuevamente sonríe].

T: Sonríes como si vieras algo que sucede frente a tus ojos. ¿Puedes describirme el motivo de tu sonrisa?

C: Sí [silencio].

T: Parece que no es tan fácil.

C: [Sonríe nuevamente y mira al terapeuta]. No es difícil. En realidad, es bastante divertido que no me haya dado cuenta antes.

T: ¿Verlo ahora te divierte?

C: Sí, es una especie de introvisión. Las piezas del rompecabezas empiezan a encajar.

T: Tengo curiosidad: ¿puedes describir las piezas?

C: Hace algunas semanas mi esposa llegó a casa de un taller de desarrollo personal. Se llamaba "Mi Situación y Yo" —o algo así— y me dijo: "Quiero que vayas donde un terapeuta gestáltico". Y yo le dije que muy bien, y heme aquí [risas].

T: Sí, por supuesto. Aquí estás, y con un terapeuta gestáltico.

C: Ella me transmitió la retroalimentación que recibió de los demás: que ella es la dominante en nuestra relación y yo soy el dependiente [ríe de nuevo]. Luego dijo que quería que yo fuera el hombre y ella ser más mujer, por lo que agregó que tengo que trabajar en mí mismo [vuelve a reír, esta vez con entusiasmo].

T: ¿Te ríes porque ahora ves que eso es lo que está pasando entre ustedes dos?

Koffka subrayaba el valor de la observación y la descripción: "Una buena descripción de un fenómeno puede por sí misma excluir una serie de teorías" (1935, p. 73). Debemos describir los fenómenos tal como se nos presentan, en un lenguaje que no explique ni categorice los fenómenos o hechos observados, pero que intente representarlos con la mayor precisión posible.

Ejemplo

Vean las diferencias entre seguir descripciones del "mismo" evento:

Observador 1:

Un niño de 5 años está jugando en la sala de juegos con un bulldozer de unos 13 cm de largo. Lo empuja con la mano derecha, imitando el sonido del motor. Después mira un teléfono de juguete, finge que recibe una llamada, levanta el auricular, escucha mientras asiente un par de veces, murmura una respuesta y vuelve a asentir. Luego deja el auricular en el teléfono, toma de nuevo el bulldozer, imitando el sonido del motor, y lo empuja hacia un grupo de casas que otro niño recién había construido. En este momento, este niño está en la sala de terapia con el terapeuta. El chico que guía el bulldozer derriba las casas, una por una, cada vez retrocediendo unos centímetros mientras hace un ruido más intenso (brrr brrr). Se concentra en su labor, asegurándose de no pasar a llevar unos árboles que el otro niño había plantado entre las casas. Sonríe, parece gustarle lo que hace y está satisfecho con sus logros.

Observador 2:
Un niño de 5 años está esperando que el terapeuta lo lleve a la sala de terapia. Tiene un bulldozer amarillo de juguete y hace mucho ruido con los labios (brrr brrr). Vi al chico en el pasillo cuando ingresó y me miró directamente a la cara, sin saludar. Ahora está jugando agresivamente con el bulldozer, empujándolo a través de la zona de juegos, como si todo el lugar le perteneciera. Luego mira el teléfono, finge que recibe una llamada, levanta el auricular, asiente con la cabeza, coloca el auricular en su lugar, vuelve al bulldozer, imita nuevamente el ruido que hace, pero con más intensidad que antes. Conduce el bulldozer directamente hacia un pueblo que otro chico que está en sesión con el terapeuta había hecho unos minutos antes y derriba todas las casas de una vez. Hace mucho ruido (pum, paf) y se ríe con una expresión de crueldad en el rostro, como si le produjera gran satisfacción derribar lo que otros han construido.

Consideren las numerosas diferencias que hay entre ambas descripciones del mismo evento. Lo que primero llama la atención es que el Observador 1 da una descripción menos preestructurada, más abierta, que el Observador 2. La descripción del Observador 1 aún no se pronuncia sobre el posible significado de la interacción del niño y su entorno, permaneciendo abiertas diferentes posibilidades. El Observador 2 diferencia prematuramente la situación en sus partes, es decir: un muchacho imprudente, descarado y cruel que destruye un pueblo.

6.4.4 Al comienzo, cada fenómeno de la situación debiera considerarse igualmente importante

Esta regla nos ayuda a evitar imponer prematuramente una jerarquía de importancia o relevancia de los elementos de la situación, "la importancia de que no se puede evaluar ni juzgar sin considerar la situación como un todo dinámico" (Lewin, 1952, p. 63). En terapia gestalt, al principio, se observa cada componente y se aborda como si tuviera el mismo valor.

Epstein (1995) y Spinelli (1989) comparan este enfoque con el acto de unir las piezas de un rompecabezas sin el conocimiento previo de la totalidad. Al igual que los entusiastas de los rompecabezas, el terapeuta, en su intento de desentrañar el misterio de la situación de su cliente, debe permitirse *no saber cuál es el cuadro completo* y no hacer juicios de valor acerca de la importancia y validez de tal o cual elemento de este cuadro. Su contribución es facilitar los procesos involucrados en la investigación.

El foco de atención debe estar en la interacción de la persona y su ambiente, lo que implica un equilibrio terapéutico con respecto a los componentes de la situación. Debe dejarse para la exploración futura determinar, en un punto dado en el tiempo, qué fenómenos están activos en esta interacción y cuáles en reposo. A través de este enfoque, se pueden comprender los obstáculos para la gestaltización de la situación.

6.5 El método de aproximación gradual

A través del método de aproximación gradual, el terapeuta y el cliente son capaces de crecer en la situación que están explorando juntos y observar cuáles elementos se instalan en el primer plano en contra del fondo de la situación total. Este enfoque es "la mejor garantía para no ser engañados por uno u otro elemento de la situación" (Lewin, 1952, p. 63), que a primera vista es la peor trampa en la que uno puede caer.

Toda representación actual de un caso concreto es necesariamente incompleta. La exploración terapéutica procede en pasos desde lo general, es decir, la situación total, a lo particular, o sea, la diferenciación de sus partes. Lewin llama a esto "método de aproximación gradual" (1936, pp. 16-17). La representación de la interacción de la persona y el ambiente hecha en la primera aproximación no es invalidada por la segunda aproximación formulada, y así sucesivamente; a su vez, la segunda aproximación es más articulada y diversificada, ya que desde el comienzo se ha considerado la situación total. El número de aproximaciones sucesivas que se necesitan depende del problema que se quiere investigar. Cabe mencionar que la representación en la primera aproximación ya posee un valor en sí misma (Lewin, 1935, p. 15).

Voy a ilustrar este método con un extracto de un relato textual de Fritz Perls en una sesión con una cliente, M. (1998). En sus últimos libros, Perls dice explícitamente que el comportamiento de una persona es siempre una función de la situación global (1973, pp. 15-16) y que el terapeuta debe tener un conocimiento relacional de la situación total (1973, p. 105). No obstante, Perls trata a M. como si ella fuera una persona individual separada de su ambiente, incluso en el aquí y ahora, reduciendo sus dificultades a los estados intrapersonales, como si éstos fueran objetos sustanciales subpersonales independientes (cosificación). Pasa por alto los aspectos relacionales de los fenómenos que presenta M. y además ignora la forma en que, como parte de esta situación, cocrea las reacciones de su cliente.

C 1: Otra vez tengo miedo.

T 1: ¿Tienes alguna idea de lo que te asusta?

C 2: Ah, sí... Creo que dejar ir, soltar.

T 2: ¿Dejar ir qué?

C 3: No lo sé. Todo lo que estoy sintiendo.

T 3: Lo que se siente, sí. Me doy cuenta que estás mirando en esa dirección. ¿Ves algo?

C 4: No, creo que es porque no quiero mirarte a ti.

T 4: ¿Cuál es tu objeción a mirarme?

C 5: Ah, creo que tal vez tengo miedo al contacto directo.

T 5: Tienes miedo del contacto directo. Una vez más, ¿puedes recordar lo que pensabas un segundo antes de apartar los ojos de mí? En este momento de nuevo. ¿Qué sientes?

C 6: En este momento tengo miedo. Me late fuerte el corazón y mis manos están húmedas, y tengo miedo. Muchas veces me siento así.

T 6: ¿Qué están haciendo tus manos?

C 7: Se sostienen entre sí.

T 7: ¿Podrías escribir un guión? Y en este guión de la conversación entre tus manos derecha e izquierda, ¿qué se dirían?

C 8: Aférrate a la vida [leve risa].

T 8: *¿Ves el conflicto?* Aférrate a la vida. Dilo de nuevo.

C 9: Aférrate a la vida, pero yo no quiero aferrarme a la vida.

T 9: Bien, ¿ahora podrías seguir viendo las dos partes? Una parte de ti que dice: "Aférrate a la vida", y otra que dice: "Pero es que yo no quiero". Por el momento, llámalas X e Y. ¿Qué dicen X e Y?

C 10: Mmm, X dice: "Quiero aflojar" e Y dice: "No deberías aflojar. No debes soltar".

C 10: Mmm, X dice: "Quiero soltar" e Y dice: "No deberías soltar. No deberías aflojar".

T 10: ¿Qué no deberías aflojar? Bueno, llamaremos *perro de arriba* a esta parte que dice: "No deberías soltar".

C 11: Sí.

T 12: ¿Sí?

C 12: Bueno.

T 13: Y, por el momento, llamaremos *perro de abajo* a la otra mitad. Ahora vas a escribir tu propio guión, *la discusión entre el perro de arriba y el perro de abajo.*

C 14: No puedo hacerlo.

T 14: Repítelo.

C 15: [En voz alta]. ¡No puedo hacerlo!

T 15: ¡Más alto!

C 16: [Gritando]. ¡¡NO PUEDO HACERLO!!

T 16: Ahora bien, esta es la niña. Ustedes están viendo a la niña resentida con sus padres.

(Las cursivas son mías). GW.

M., la clienta, está atemorizada. ¿Quién que se haya presentado voluntariamente para una demostración de un famoso psicoterapeuta ante un público numeroso no estaría asustado? Si el terapeuta llegara a ver poco a poco la situación como la vive la clienta, probablemente veríamos que temía al fracaso; su situación se caracteriza por una expectativa catastrófica. En tal situación, es normal tener miedo a soltarse, perder el control y evitar el contacto directo con el hombre importante frente a usted, que encarna una serie de factores que se han destacado en la situación aquí y ahora.

Es obvio que alguien en tal situación buscará apoyo (tanto autoapoyo como apoyo del otro). La clienta respondió a las amenazas que percibía en la situación con la ayuda del soporte más evidente a su disposición: las respuestas automáticas que ha aprendido y con las cuales está familiarizada, por ejemplo: "No puedo hacerlo". Ella configura la situación para sobrevivir (con respecto a un entorno amenazante, se dice a sí misma: "Aférrate a la vida"). En vez de confirmar a la clienta en sus esfuerzos por mantener la situación de seguridad y todo bajo control, Perls hace una pregunta tras otra, como si la estuviera interrogando, y etiqueta sus reacciones como defectos personales, y por último pero no menos importante, como estados intrapsíquicos o conflictos (T 8, T 10, T 13...): esta es la "niña en ti", esta es la parte que etiquetamos como "perro de abajo" y la otra como "perro de arriba".

Perls selecciona prematuramente uno de los comportamientos de su clienta y se apresura a interpretarlo fuera de contexto (T 6), en particular que ella se consolaba con las manos. Sin embargo, el terapeuta vio un conflicto, un quiebre.

A juicio de Perls, la reacción de su clienta ante una situación que experimenta como aterradora, se convierte y reduce a un conflicto entre partes (estados) de su personalidad; ella aparta los ojos de él, no se suelta, manteniendo el control todo el tiempo. De hecho, teme a una situación en la que espera fracasar. Su comportamiento es etiquetado en forma negativa como el de una niña resentida con sus padres. La intervención de Perls está en total discordancia con su postura teórica, en el sentido de que no muestra ninguna conciencia relacional de los elementos de la situación de la que forma parte. *Sus supuestos interfieren con sus observaciones.*

En las siguientes secuencias, el lector podrá imaginar qué tipo de "trabajo" ha iniciado Perls. Se concentrará en el conflicto interno entre el "adulto" y el "niño", y entre el "perro de arriba" y el "perro de abajo". Luego hará un comentario que desmoralizó a la clienta: "Está haciendo juegos conmigo, me está convirtiendo en alguien impotente, incapaz, inadecuado, y ella gana en el juego". Su reacción se basó en el conocido principio de su orientación teórica: hay que trabajar en pos de la madurez, y no en pos de la regresión (1998, pp. 88-89). Él era parcial y sentía la necesidad de ejecutar haciendo valer su convicción, es decir, que las personas se meten en problemas al pedir apoyo de su entorno. No estaba dispuesto a brindar mucho apoyo, de modo que la clienta tuvo que sostenerse a sí misma mediante una conducta que había desarrollado en situaciones anteriores. Y así, mientras utilizó esta conducta, su ansiedad aumentó y su gestaltear fijo persistió. Su comportamiento, que surge de varios hechos concomitantes a su situación, se torna previsible. El terapeuta no tuvo conciencia de su papel en el resultado final. Esta transcripción verbal fue publicada con el título "El Manipulador".

6.6 Inclusión: el terapeuta debe participar plenamente en la situación del cliente

El psicoterapeuta gestáltico debe empezar escuchando las palabras del cliente y observando la expresión corporal de cómo éste experimenta su situación y cómo lleva el mundo dentro de sí mismo, y no imponiendo sus propias construcciones y creencias acerca de la vida, la salud y la enfermedad, y de lo que es un buen contacto y un contacto perturbado. La situación terapéutica es un campo posible (patio de juegos) para completar situaciones inconclusas a partir de la identificación de la situación, es decir, lo que se da, lo que hay ahí afuera esperando a ser descubierto y lo que llama la atención del cliente, de manera implícita, informándole qué implica la situación para él y qué se exige de él.

La comprensión empática no es una condición suficiente para entender el significado de la situación del cliente. Para lograrlo, el terapeuta deberá participar como parte de la situación. A su vez, esto le exige entrar de lleno en ella, no como si fuera el cliente, sino vivenciándola tal como éste lo hace y sintiendo cómo es ser parte de ella. Al mismo tiempo, un terapeuta gestáltico experimentado se concentrará en y se dedicará a y para la situación, sea cual sea su conocimiento, habilidades profesionales y experiencia de vida que haya integrado en su pasado y lo que sea que su conciencia inmediata (*awareness*) tenga en un momento dado (Laura Perls, 1992, p. 155). Utiliza su persona como un instrumento sensible para ayudar al cliente, siendo parte de la situación y, al mismo tiempo, permaneciendo como un testigo no enjuiciador.

El terapeuta entiende el significado de los diversos aspectos de la situación del cliente debido a que se encuentra en dos posiciones al mismo tiempo. La inclusión en el sentido buberiano (Buber, 1965) requiere simultáneamente de la experiencia y la distancia del otro. Consiste en una mezcla orientada-a-objetivos de dos mundos en una situación, una alternancia continua del movimiento entre el mundo del cliente y el del terapeuta.

El esfuerzo terapéutico no se limita a repetir o retroalimentar de distintas maneras las experiencias del cliente, sino entenderlas más allá de su propia comprensión de las mismas. Como lo expresara Metzger: *"Gerade die Arbeit der Psychotherapeuten beruht darauf, dass sie nicht damit begnügen, das Erleben ihrer Patienten in sich selbst zu wiederholen, sondern dass sie versuchen, darüber hinaus zu verstehen, was der Patient daran noch nicht versteht"* (1967, p. 89) ("La tarea de un psicoterapeuta no se limita a reproducir en sí mismo la experiencia del cliente, sino que debe esforzarse por comprender lo que el cliente aún no entiende acerca de su situación").

6.7 Mezclar frustración y simpatía con equilibrio

El terapeuta frustra benévolamente el tipo de pautas que utiliza el cliente para evitar el comportamiento catastrófico desordenado a expensas del ajuste creativo mutuo de la persona y su ambiente. Goldstein afirma que una situación catastrófica no es una mera consecuencia de la incapacidad para llevarla a cabo, sino que más bien se caracteriza por el temor al fracaso. Lo contrario es cierto en la conducta ordenada, que es parte de una situación en la que uno anticipa que tendrá éxito (1940-1963, p. 87).

En su última obra, publicada en 1973, Perls trata explícitamente esta cuestión. En su opinión, el terapeuta gestáltico tiene tres alternativas:

- *Simpatía* o involucramiento en la situación total. La desventaja de esta alternativa es que el terapeuta se arriesga a quedar sumergido en la situación del cliente.
- *Empatía* o identificación con el cliente. Un posible problema de esta actitud es que el terapeuta se sustrae de la situación. Su atención se centra exclusivamente en la forma en que el cliente vivencia su mundo. El terapeuta que retiene su presencia priva al campo de su principal instrumento, a saber, la toma de conciencia (*awareness*) y el ser persona del terapeuta.
- La *apatía* o desinterés en referencia al cliente y su situación.
  Esta posición es un anticomienzo (p. 104).

Una regla importante es no centrarse en el gestaltear fijo, es decir, en respuestas o estructuras osificadas o en las construcciones del cliente. Cada vez que éste reacciona en su forma habitual, el terapeuta debe permitirlo y no ser crítico al respecto. No debería invertir demasiada energía para enfrentar los patrones habituales que el cliente utiliza para controlar la situación cuando se siente ansioso o amenazado. Al contrario, el terapeuta debería aceptar este comportamiento por lo que es, sobre todo para tratar de asegurar que se satisfaga una necesidad fundamental, aun cuando él sea el blanco (u objetivo) de este intento. En vez de rechazar tal conducta, debe tratar de captar la intención que hay detrás.

En realidad, terapéuticamente, no sólo es ineficaz sino contraproducente juzgar este tipo de operaciones de seguridad, o castigar al cliente por esta clase de respuestas, o mostrar que uno las desaprueba. Por otro lado, el proceso terapéutico se puede facilitar si el terapeuta llega a dominar la actitud básica que Fritz Perls (1973, pp. 105-106) describe como una delicada mezcla de simpatía y frustración. El terapeuta debe combinar simpatía/empatía y una frustración respetuosa dentro de una condición básica eficaz de la terapia (Perls, 1973, pp. 105-106). Si se manifiesta únicamente simpatía/empatía, se corre el riesgo de fusión o de convertirse en el cliente, y en este estado ya no se tiene un punto de vista sobre los aspectos problemáticos de la situación, ni se puede ser testigo de ello. Además, para el terapeuta es muy difícil frustrar al cliente en sus respuestas fijas y, al mismo tiempo, desafiarlo si se identifica demasiado con éstas. Y así como un permanente espectáculo de simpatía/empatía no funciona, la frustración por sí sola es la fórmula precisa para provocar un ambiente hostil. A diferencia de estos extremos, la actitud básica de una mezcla equilibrada frustra al cliente, ya que el terapeuta que la adopta no le ofrece al éste la respuesta que espera y está acostumbrado a obtener de otras personas significativas en su vida, y al mismo tiempo, acepta esta conducta de su cliente como un intento atemorizado de satisfacer una necesidad de desarrollo.

"Yo no soy castigadora", afirmaba Laura Perls. "No creo que la actitud [punitiva] vaya con un respeto genuino por el paciente cuyas resistencias son su principal apoyo. Castigarlo por lo que más confía, siempre provoca una reacción negativa" (1992, p. 120). Y Laura Perls hace otra interesante observación: el terapeuta que ataca el gestaltear habitual de su cliente está funcionando él mismo en piloto automático. Recurre a lo que está acostumbrado "porque no sabe qué más hacer, ya que él mismo no tiene suficiente apoyo para brindarlo donde más se necesita" (1992, p. 120).

Desde luego, los terapeutas gestálticos tienden a enfrentar y frustrar al cliente cuando responde de una manera que le impide experimentar las necesidades reales de su situación. Pero cuando el terapeuta entiende la intención que hay detrás de las reacciones de su cliente, por lo general no se siente impulsado a etiquetarla en forma negativa como, por ejemplo, manipuladora, evitativa o defensiva; en cambio, es más probable que la vea como expresión de una necesidad que está atrapada en un dilema: por un lado, un ansia de satisfacción, y por el otro, el temor a las consecuencias de la satisfacción.

El terapeuta gestáltico que, al entrar en la situación de su cliente, la vivencia como siendo parte de ella, atiende a la necesidad de desarrollo subyacente de la situación, mitiga la ansiedad de su cliente y proporciona las condiciones necesarias para apoyar a éste en su intento de completar la situación.

Para ilustrar el tipo de frustración descrita anteriormente, volvamos a la clienta que veía a la Muerte sentada en su cama. El terapeuta no etiqueta la operación de seguridad (alucinaciones) porque entiende que, a través de la alucinación, la clienta está tratando de representar a la Muerte como una entidad que habita en su casa. La segunda sesión de terapia se desarrolla de la siguiente manera (Nota: la clienta, al ser una hablante nativa del idioma flamenco, tiene una imagen masculina en la mente y se imagina dialogando con una personificación masculina):

C 1: La Muerte todavía está allí. La vi todos los días la semana pasada. Estoy agotada.
T 1: Me dijiste que estudias en la academia de arte en la ciudad. ¿Podrías hacerme un dibujo de la Muerte, para que yo pueda verla como tú la ves?
C 2: Muy bien, lo haré [un tanto vacilante].

Hay una breve pausa mientras consigue los materiales de dibujo. Mientras dibuja, el terapeuta observa que sus mejillas se enrojecen. Dibuja una figura vestida de negro. Mueve el lápiz suavemente sobre la hoja. Lo hace con gran concentración, exudando dulzura y calidez a medida que avanza. Su dibujo de la Muerte tiene un rostro muy bello y poderoso, el rostro de un ángel. Al terapeuta, la imagen le parece amigable. Cuando termina el dibujo, ella lo observa, luego mira al terapeuta y dice:

C 3: Listo. Así la veo.
T 3: La Muerte no parece ser peligrosa.
C 4: No, no lo es. Pero de todos modos, me da miedo enfrentarme a ella [se ve triste y tierna].
T 4: ¿Miedo de saber lo que está haciendo en tu casa?
C 5: ¿Qué quieres decir?
T 5: Miedo de su presencia todos los días aquí en tu casa.
C 6: No quiero verla, lo que está haciendo. Yo no le pedí venir aquí, no la necesito [levanta la voz].
T 6: Puedes preguntarle. Imagina que le preguntas: "¿Qué estás haciendo en mi casa?".

C 7: [Respuestas inmediatas, sin pensar, hablando rápidamente]. Desde ya escucho sus respuestas. Dice [empieza a llorar]: "Estoy aquí porque me expulsaste de tu casa".

T 7: Entonces sabes de lo que estás hablando y eso te entristece.

Luego comienza a hablar de su hijo (1 año), que se había asfixiado en su cuna hace dos años, mientras su marido y ella estaban en una fiesta en el primer piso con unos amigos. Después de ese episodio, nunca hablaron de esta tragedia o del niño. Simplemente clausuraron su habitación y jamás la volvieron a abrir.

6.8 Confirmar la intención

Es más probable lograr un cambio confirmando la intención de los patrones (de conducta o conductas aprendidas, rigidizadas) que focalizándose en los aspectos negativos. La toma de conciencia de la tarea de desarrollo que desafía al cliente, se facilita cuando el terapeuta empieza a detectar esta tarea del gestaltear fijo del cliente, y aún más si el terapeuta vuelve regularmente a su percepción del críptico mensaje inicial del cliente (PHG; Blaize, 2001, p. 29).

Las intervenciones más facilitadores son aquellas que confirman o ratifican lo que el cliente experimenta, desea y teme. Si a uno se le confirma, está siendo aprehendido, comprendido y reconocido en todo su ser. La confirmación aumenta la conciencia del cliente sobre lo que él y su situación necesitan; lo que existe para el cliente se reconoce como algo importante para él.

La mayoría de nuestros clientes están tan desesperados por una ratificación, que cuando no se los confirma por ser quienes son y lo que son, buscarán la mejor alternativa, que consiste en obtener una confirmación llegando a ser quienes ellos creen que los demás quieren que sean. La ratificación es una de las fuerzas más influyentes en la facilitación de los procesos detenidos de un desarrollo (Hycner, 1995b, p. 162), es decir, procesos que se han estancado, desbaratado o desviado.

Ejemplo clínico

Un hombre de 45 años es profesor de historia en una escuela secundaria. No tiene autoridad alguna en o fuera de la sala de clases, y durante meses se ha deprimido clínicamente varias veces. Cada vez que regresa a las aulas, los alumnos le hacen sentir incompetente humillándolo, y después de un mes más o menos, se deprime nuevamente. Para él, estar de pie frente a los alumnos en la sala es el fracaso de una situación. Lo hace sentirse víctima. En la terapia, cuando se concentra en lo que realmente quiere, dice que sería un verdadero alivio no tener que enfrentarse a los estudiantes de nuevo en el aula. Pero cada vez que lo dice, descubre que su única alternativa es regresar.

C 1: Simplemente no puedo decidir. Todavía tengo chicos en casa que a la larga tendrán que ingresar a la educación superior. Y mi esposa preferiría que no me quedara en casa.

T 1: Supe que quiere parar, abandonar ese trabajo.

C 2: Sí, claro, si tuviera permiso.

T 2: En tu opinión, no te lo permiten. Todavía estás sonriendo. La sola idea de abandonar te hace sonreír.

C 3: Sí, sí [suspira].

T 3: Veo que el hecho de no tener permiso para abandonar te entristece mucho.

C 4: Sí [con expresión triste], pero la tristeza no va a ayudarme. Si pudiera tener confianza frente a esa maldita sala llena de niños. En todo caso, dime qué pasa conmigo.

T 4: Tu experiencia es que no puedes. Debe ser muy duro ser confrontado continuamente por esa percepción de impotencia que tienes.

C 5: Me odio por ser tan débil, lloriqueando como un niño. Pero eso no me sirve de nada, por decir lo menos. Si sólo me permitieran abandonar.

T 5: ¿Qué te gustaría hacer si te permitieran abandonar? ¿Qué te gustaría?

C 6: Oh [sonriendo, levantando la cabeza].

T 6: Parece que ya imaginaste algo.

C 7: [Se sienta muy erguido]. De vez en cuando trabajo para mi cuñado. Es jardinero y tiene trabajadores que plantan árboles y arbustos y cortan el césped según las especificaciones de los planes. A veces voy con ellos. Nos agachamos en cuatro patas y transformamos la tierra. Es increíblemente relajante. En esos momentos no tengo ningún problema en absoluto. Si pudiera hacer eso todos los días. Pero mi padre me dice: "No pagué un platal por tu educación universitaria para que terminaras trabajando de jardinero". [Se queda en silencio, mira hacia abajo]. Estoy decepcionando a todos los que me quieren. No he hecho nada con mi vida.

T 7: Y aun así, te gusta la idea de trabajar al aire libre con tus manos, lo que significa que tendrías que renunciar a la docencia.

C 8: Sí, efectivamente [de forma afirmativa y con voz clara].

El terapeuta gestáltico no se deja llevar por la forma habitual de pensar y juzgar de los clientes; más bien, confirma lo que está encerrado en sus Gestalts fijas, es decir, aquello que no se les permite realizar.

6.9 Invocar el presente

Para efectos de la terapia, la investigación y la intervención, sólo se dispone de la situación del momento presente actual —es decir, la situación total— como la experimenta la persona. Su comportamiento es función de la situación global en la que todos los hechos están relacionados entre sí (Lewin, ver Marrow, 1969, pp. 34-35). El tiempo no es causal ni un agente activo (Arnheim, 1983, p. 7). No es necesario conocer la historia de una persona para entender sus motivos en su situación actual (Lewin).

Al "invocar el presente", el terapeuta anima al cliente a hacer lo más concreta y vívida posible la situación terapéutica en que se encuentra ahora. En este sentido, las preguntas claves son: ¿qué está pasando realmente aquí?, ¿qué está sucediendo?, ¿cuál es el sentido y propósito de todas estas palabras, gestos, movimientos, etc.? Uno no necesita buscar los significados ocultos tras lo evidente de los elementos de la situación actual. El presente puede ser invocado de modo que destaque su propia apariencia (Van Dusen, 1965, 1975, p. 75).

Merleau-Ponty, en su evocativo lenguaje, afirma: "Je ne comprends pas les gestes d'autrui par un acte d'interprétation intellectuelle... Je ne perçois pas la colere comme un fait psychique caché derrière la geste, je lis la colère dans le geste, *le geste ne me fait penser à la colère*, il est la colère elle-même" (1945, p. 216, cursivas en el original) ("Yo no entiendo los gestos del otro interpretándolos intelectualmente... No siento la rabia como un hecho psíquico escondido detrás de un gesto. Leo la ira en el gesto. *El gesto no me hace pensar* en la rabia, es la rabia misma".

Las palabras no tienen vida a menos que evoquen emoción, y cuando lo hacen, las realidades, actualidades, se hacen visibles, palpables. Como terapeutas, no debemos preocuparnos por los significados de las realidades o a qué apuntan. No practicamos la hermenéutica de la sospecha. Como observara Van Dusen, el significado de las lágrimas es para la persona que llora (1972).

6.10 Apoyar la situación

La energía para el gestaltear de la situación actual proviene de los polos de la situación, es decir, la persona y el entorno (PHG, 1951, 1994, p. 1829). Por consiguiente, el ajuste creativo depende de ambas partes. Si el apoyo necesario en los dos polos de la situación es deficiente, aquello que necesita ocurrir no puede suceder. La falta del apoyo requerido inhibe el desarrollo de lo más necesario para la situación, provocando estancamiento. Fritz Perls estimulaba principalmente el apoyo interno o la propia fuerza de sus clientes e invalidaba el apoyo medioambiental como algo inmaduro y manipulador. En su opinión, la situación inconclusa es un fracaso del desarrollo desde el ambiente a la autosuficiencia (1972, p. 57).

Las personas que buscan ayuda terapéutica carecen del apoyo necesario para el tipo de contacto requerido o deseable para la situación en que se encuentran. La falta de apoyo o soporte esencial es vivenciado como angustia o ansiedad (Laura Perls, 1992, p. 154). El apoyo puede definirse como el conjunto de todas las condiciones en una situación durante un determinado período de tiempo, que sostiene o favorece ciertos procesos, resultados o soluciones en la persona o en el ambiente. Todo lo que ocurre en una situación está apoyado, por definición, en algún lugar de la situación; nada puede suceder sin un adecuado apoyo o sostén.

La pregunta significativa no es: ¿necesita apoyo? (ambiental o autoapoyo), ya que el apoyo es necesario para cualquier cosa que queramos que suceda; sino: ¿qué tipo de apoyo está disponible en la situación dada en un determinado período de tiempo? ¿Qué tipo de necesidad de desarrollo, tarea, resultados, efecto o solución? O, por el contrario, ¿qué resultados, comportamientos, etc., son compatibles y cuáles desfavorables? Los desarrollos problemáticos surgen de situaciones caracterizadas por condiciones difíciles y apoyo insuficiente. El terapeuta gestáltico facilita el desarrollo del apoyo en el cliente, dedicándose a la situación y estando a favor de ella. Debe ser un testigo que observa y se reconoce como parte del mundo del cliente, y alguien que entiende por lo que está pasando y con qué se está enfrentando éste (Wheeler, 2000, pp. 204-205). El terapeuta que no acepta a su cliente tal como es y que, en cambio, intenta llevarlo rápidamente hacia donde él cree que debería estar, manifiesta una flagrante falta de respeto (Laura Perls, 1992, p. 156).

El apoyo es todo aquello que facilita la asimilación en curso y la integración de la experiencia de una persona. Incluye no sólo su fisiología inicial y la postura erguida, sino también su sensibilidad, lenguaje, hábitos, costumbres y modales sociales; de hecho, todo lo que se adquiere y aprende durante la vida, todo lo que normalmente damos por sentado y en lo cual confiamos; especialmente las ideas fijas, ideales, convicciones y patrones de conducta que con el tiempo se han convertido en una segunda naturaleza, porque en el momento de su formación apoyaban y sostenían, pero que ahora se han transformado en obstáculos para el proceso de completar las tareas de desarrollo (Laura Perls, 1992, pp. 132-133).

Estos automatismos secundarios, como los llama Laura Perls, cumplen una función de apoyo, pero al mismo tiempo bloquean el término fructífero de la situación y lo que ésta requiere de la persona para hacerlo. Los terapeutas intentan desautomatizar estas conductas respetando su función de seguridad, aceptando la intención tras las operaciones de seguridad y prestando cada vez más atención a las necesidades y tareas que se deben satisfacer y realizar. Los terapeutas pueden hacerlo quedándose no sólo con la necesidad de desarrollo, sino también con aquellos factores que la están bloqueando, al agudizar la toma de conciencia de la necesidad y cooperar con la intención tras las operaciones de seguridad y ansiedad concomitantes del cliente. En resumen, el terapeuta gestáltico pone al cliente al frente de la tarea actual, sustenta cada movimiento que haga por pequeño que sea y estimula la conciencia de lo que la situación exige de él.

En Gestalt, la esencia de la práctica terapéutica es establecer las condiciones experimentales que faciliten el desarrollo de una situación interactiva de apoyo que permita al cliente experimentar lo que se necesita en su situación cotidiana para que pueda reanudar su desarrollo. La terapia gestáltica es una terapia de interacción, en la que la propia relación terapéutica es un laboratorio (Wheeler, 1991, p. 75) para estudiar las formas en que el cliente y su mundo interactúan entre sí.

6.11 Utilizar el experimento gestáltico para diagnosticar los aspectos dinámicos de la situación actual

Para entender las interacciones de una persona y su ambiente, es muy importante establecer, con la mayor precisión posible, las relaciones que se producen entre estas interacciones y la totalidad de la situación concreta que se trate, con todos sus elementos y características. Para efectos de la investigación, seleccionamos aquellas situaciones en que las dinámicas "no contaminadas" por factores externos se pueden observar con la mayor claridad posible. Para la investigación fenomenológica de las cuestiones terapéuticas, la situación terapéutica *es* dicha situación. La situación cliente-terapeuta contiene todos los elementos esenciales de la investigación. Aún más, el terapeuta, como elemento importante de la situación, es el lugar ideal para observar lo que experimenta como parte de la situación y para averiguar cómo ella los está afectando a él y al cliente. El terapeuta sólo tiene que dar plena libertad a la situación, sin restricciones, para que ésta le "hable" al cliente y así pueda acrecentar su toma de conciencia de la misma.

El comportamiento y el desarrollo de una persona sólo se pueden entender a partir de su situación global en un determinado punto en el tiempo y a partir de los hechos y factores interdependientes, tal como existen en ese momento para esa persona. Es decir, en la terapia tenemos que encontrar una manera de determinar, junto con el cliente, los hechos y factores que caracterizan su situación en ese momento. Y ahora llegamos a las funciones esenciales de los llamados "experimentos" gestálticos.

La relación terapéutica entre paciente y terapeuta, quienes en conjunto constituyen la situación terapéutica, proporciona material para el primer y mejor experimento gestáltico. El terapeuta gestáltico interviene a través de las formas en que se pone en contacto al cliente en el aquí y el ahora. El mundo del cliente se revela dentro de la situación terapéutica.

En particular, todas las dificultades, necesidades de desarrollo, etc., en y de su mundo, se pueden observar en la situación terapéutica. Cuando el cliente entra a la consulta, lo único que importa es unirnos con él en una relación *ich-du* (Buber) y formar parte de la situación actual que él crea con el terapeuta.

Lewin señaló que la primera tarea de un proceso experimental es crear los fenómenos que se quieren estudiar. Un experimento representa la situación global y revela todos los aspectos involucrados. Además, los experimentos son "altamente autocorregibles" (1999, p. 69), en el sentido de que el cliente se puede adaptar fácilmente a cualquier curso de acción que le proponga el terapeuta según la capacidad psicológica y tolerancias (mejorando y empeorando); y aún más, se le da la oportunidad de corregir sus antiguas formas de sentir, pensar y actuar en función de su creciente percepción de lo que su situación exige de él.

La relación terapéutica es el primer y más importante experimento: en las primeras interacciones, pone al cliente en una situación de emergencia (PHG) que moviliza los patrones a los que está acostumbrado. "La psicoterapia puede llevar al individuo a una situación en que los sentimientos, actitudes y necesidades que siguen un modelo emerjan sin que el cliente tenga que inquietarse por ello, dado que ahora los experimenta protegido por la situación terapéutica. Si el cliente se da cuenta de qué necesita de él su situación aquí y ahora, estará obligado a ocuparse de este conflicto actual y será capaz de resolverlo encontrando una nueva adaptación" (Goldstein, 1940 a 1963, pp. 162-163).

El terapeuta ayuda al cliente a dar el siguiente paso. Las tres cualidades de la situación terapéutica son *aquí*, *ahora* y el paso *siguiente* (*pequeño*). Esta fue la frase de Goodman luego de haber encontrado una forma abreviada de referirse a la importancia de concentrarse en lo que es dado (Stoehr, 1994).

A fin de determinar los aspectos de la situación que son importantes para la persona y para el diagnóstico de la situación total, podemos, a juicio de Lewin, seguir uno de los dos principales procedimientos (Lewin, 1952, pp. 48-49): basar nuestras observaciones en un estudio de los antecedentes, o poner a prueba el presente.

Lewin da un ejemplo:

> *Si usted quiere saber si acaso el piso del ático es lo suficientemente fuerte como para soportar un determinado peso, quizás trate de averiguar qué tipo de material se utilizó hace diez años cuando se construyó la casa, y basándose en los planos del edificio, puede determinar que no se ha realizado ninguna reforma desde entonces y que el techo de madera todavía se encuentra en buen estado. Aun así, usted jamás sabrá si ha sucedido algo importante que haya pasado por alto. Por lo tanto, puede decidir evitar conclusiones inciertas sobre la base de los datos del pasado y comprobar cuán fuerte es el piso del ático ahora a través de una prueba.*

En opinión de Lewin, en psicología y en la práctica clínica, la anamnesis se utiliza en exceso (Lewin, 1952, p. 49).

Un diagnóstico de la situación en que sus propiedades o cualidades se ponen a prueba en un determinado período de tiempo, evita las conclusiones inciertas sobre la base de la historia. Este es el valor de utilizar experimentos en terapia gestalt; en primer lugar, son un medio de investigación fenomenológica en que el terapeuta y el cliente determinan juntos las propiedades o aspectos de éste en la situación aquí y ahora, es decir, lo que le es dado.

En psicoterapia, la "objetividad" requiere que la situación sea representada con exactitud tal como existe para un cliente específico en un determinado período de tiempo. En dicha representación, sólo deben figurar los hechos situacionales actuales y los elementos que pueden afectar el comportamiento o desarrollo (o estancamiento) del cliente desde su perspectiva (Cartwright, 1952, p. xii). El terapeuta no puede trabajar con elementos de la situación que no estén presentes, que no sean concretos y sean inexistentes para el cliente.

He aquí la regla básica: para los propósitos del tratamiento, sólo está disponible la constelación presente y actual de hechos, o sea, el conjunto de hechos que el cliente siente que existen para él aquí y ahora. La psicoterapia se ocupa de lo que es ahora, y no de lo que debería ser ni de lo que ha sido (Laura Perls, 1992, p. 138).

"Que existan para la persona" es una frase de Lewin, quien, en forma pragmática, entiende por existente cualquier cosa que tenga efectos demostrables en la persona. En consecuencia, los elementos de los cuales el cliente no tiene conocimiento también se incluyen en la medida en que, a través de la observación, el terapeuta puede determinar que éstos tienen efectos (Cartwright, 1952, pp. xi-xii).

Si el terapeuta observa o experimenta algunos hechos que aún están al margen de la experiencia del cliente, pero cuyos efectos sobre las interacciones de éste en el mundo son perceptibles, entonces también considera que esos factores existen para el cliente; éste puede darse cuenta de nuevos datos gracias a un experimento o ejercicio para explorar su situación. El terapeuta, como parte de la situación, puede traer consigo aspectos de su propia experiencia de la situación en la que está participando. Basado en su capacidad de darse cuenta, puede ayudar al cliente a explorar aquello que ya se ha activado en la situación. En primer lugar, los experimentos gestálticos —una de las fortalezas de la terapia gestalt— son herramientas fenomenológicas para investigar las fuerzas y otros aspectos dinámicos de una situación. Su objetivo no es tanto cambiar al cliente, sino explorar lo que está sucediendo en su situación.

Para poder explorar esas fuerzas u otros factores que estén influyendo activamente en la situación total, a veces es útil cambiar las circunstancias de los fenómenos que queremos investigar. La sentencia de Lewin: "Si quieres estudiar un fenómeno, cambia las circunstancias y ve qué pasa". En este sentido, un experimento se puede considerar un cambio de las condiciones (Parlett, 1997, p. 25). Esto podría implicar cambios en las circunstancias, creando una situación nueva, o invitar al cliente a ampliar su repertorio conductual, a asumir el riesgo de inventar nuevos modos de ser y enfrentar las contingencias, asumir nuevos desafíos, etc.

En colaboración con el cliente, y siempre con la relación terapéutica como base, el terapeuta gestáltico le presenta al cliente un problema en que ya no bastan las condiciones o circunstancias habituales, los mecanismos tradicionales de enfrentar las circunstancias de la vida. Las operaciones de seguridad son inicialmente acciones de ajuste creativo por un campo en condiciones represivas. La intención tras el ajuste creativo persiste hasta el presente en curso; el terapeuta no necesita mirar bajo la conducta para encontrar sus aspectos dinámicos más profundos. Las patrones mismos revelan la necesidad de desarrollo básica subyacente que no está siendo satisfecha. El examen de una operación de seguridad mostrará que aún está activa esta necesidad. La intención tras el ajuste creativo en los patrones fijos dará lugar a respuestas más adecuadas si se dispone del apoyo necesario (provenientes de la persona o del ambiente) y si se trata la ansiedad producto del abandono de las antiguas maneras en ausencia de nuevos modos (ver PHG, 1951, 1994, 227).

Los experimentos reflejan los cambios deseables en las situaciones de la vida. Implican manipular las condiciones situacionales de tal manera que los individuos enfrenten el desafío de responder de un modo diferente al usual (Parlett, 1997, p. 25). Al igual que en la vida real, los cambios en los patrones de conducta habituales o en las respuestas congeladas se pueden producir sólo si hay suficiente apoyo en la situación global para justificar el riesgo de hacer algo diferente. Si se carece de las condiciones de apoyo, la persona tiende a recaer en sus respuestas habituales —que, por desgracia, no funcionaban muy bien—, dejándola con sentimientos de inadecuación e impotencia.

El terapeuta gestáltico debe partir desde la situación del cliente —es decir, desde las formas en que se experimenta a sí mismo en su situación— y en primera instancia no hacer nada en relación al statu quo del cliente. El terapeuta gestáltico *no debe interponerse en el camino del cliente*, ni interferir con la tendencia autoorganizadora de las interacciones persona-ambiente. Su tarea es meramente proporcionar las condiciones que el cliente y su entorno necesitan para adaptar creativamente su interacción e inventar nuevas formas de conciliación entre él y su ambiente.

Como terapeuta gestáltico, dejo al cliente a cargo de sí mismo pero sin abandonarlo del todo.

Georges Wollants
Arendonk, Bélgica
Diciembre 2007

Referencias bibliográficas

Arnheim, R. (1949/1961). The Gestalt Theory of Expression. *Psychological Review, 56*, 3. Reimpreso en: M. Henle (ed.), *Documents of Gestalt Psychology* (pp. 302-323). Berkeley/Los Ángeles: University of California Press.

Arnheim, R. (1983). Style as a Gestaltproblem. *Gestalt Theory, 5*, 3-15.

Arnheim, R. (2005). *Arte y percepción visual: psicología del ojo creador.* Madrid: Alianza. ([1954/1974]. *Art and Visual Perception: A Psychology of the Creative Eye*. [La nueva versión]. Berkeley/Los Ángeles: University of California Press).

Asch, S. (1946/1961). Forming Impressions of Personality. *Journal of Abnormal and Social Psychology, 41*, 3. (La nueva versión). M. Henle (ed.), *Documents of Gestalt Psychology* (pp. 237-285). Berkeley/Los Ángeles: University of California Press.

Asch, S. (1979). *Psicología social.* Buenos Aires: Eudeba. ([1952]. *Social Psychology*. Nueva York: Prentice-Hall).

Beekman, T. y Mulderij, K. (1977). *Beleving en ervaring.* Meppel: Boom.

Bennis, W.G., Benne, K.D. y Chin, R. (1969). *The Planning of Change.* Nueva York: Holt, Rinehart and Winston.

Binswanger, M. (1923). Ueber Phaenomenologie. *Zeitschrift für die gesamte Neurologie und Psychiatrie, 82*, 10-45.

Blaize, J. (2001). *Ne plus savoir. Phénoménologie et éthique de la psychothérapie.* Burdeos: L'Exprimerie.

Bloom, D. (2001). The Song of the Self. Language and Gestalt Therapy. *The Gestalt Journal, 24*, 31-44.

Boss, M. (1979). *Existential Foundations of Medicine and Psychology.* Nueva York: J. Aronson.

Bronfenbrenner, U. (2002). *La ecología del desarrollo humano: experimentos en entornos naturales y diseñados.* Barcelona: Paidós. ([1979]. *The Ecology of Human Development: Experiments by Nature and Design.* Boston: Harvard University Press).

Buber, M. (1967). *A Believing Humanism. Gleanings.* Nueva York: Simon & Schuster.

Buber, M. (2013). *El conocimiento del hombre: contribuciones a una antropología filosófica.* Barcelona: Gedisa. ([1965]. *The Knowledge of Man: A Philosophy of the Interhuman.* Nueva York: Harper & Row).

Buytendijk, F.J.J. (1954). Avant-Propos. *Situation, 1*, 7-14.

Buytendijk, F.J.J. (1965). *Prolegomena van een antropologische fysiologie.* Utrecht-Antwerpen: Het Spectrum.

Cartwright, D. (1952). Foreword. En K. Lewin, *Field Theory in Social Sciences* (pp. vii-xx). Londres: Tavistock Publications.

Crochetière, K., Vicker, N., Parker, J., King, B.D. y Wertheimer, M. (2001). Gestalt Theory and Psychopathology. *Gestalt Theory, 23*, 144-145.

Eagle, M.N. y Wakefield, J.C. (2007). Gestalt Psychology and the Mirror Neuron Discovery. *Gestalt Theory, 29*, 59-63.

Easwaran, E. (2013). *Meditación: ocho puntos para transformar la vida.* Barcelona: Herder. ([1986]. *Meditation: Commonsense Directions for an Uncommon Life.* Londres: Routledge & Kegan Paul).

Ellis, W.D. (ed.) (1938/1997). *A Source Book of Gestalt Psychology.* Nueva York: Harcourt, Brace and Co. Reedición 1997. Highland, NY: Gestalt Journal Press.

Epstein, E. (1995). The Narrative Turn. Postmodern Theory and Systemic Therapy. *Gestalt Theory, 17*, 3, 171-183.

Ferguson, R. y O'Neill, C. (2001). Late Adolescence: A Gestalt Model of Development, Crisis and Brief Therapy. En: M. McConville y G. Wheeler (eds.), *The Heart of Development. II* (pp. 72-121). Hillsdale, NJ: The Analytic Press.

Frank, R. (2003). Embodying Creativity, Developing Experience: The Therapy Process and Its Developmental Foundation. En: M. Spagnuolo-Lobb y N. Amendt-Lyon (eds.) (2003), *Creative License: The Art of Gestalt Therapy* (pp. 181-200). Fráncfort del Meno; Viena; Nueva York: Springer Verlag.

Friedman, M. (1990). Dialogue, Philosophical Anthropology, and Gestalt Therapy. *The Gestalt Journal, 13*, 7-40.

Frischenschlager, O. (1997). Die Entwicklung psychischer Struktur aus der Sicht der empirischen Säuglingsforschung. *Gestalt Theory, 19*, 165-177.

Fuchs, T. (1994). Was wissen Klienten? *Gestalt Theory, 16*, 77-88.

Fuchs, T., Ruh, M. y Soff, M. (1997). Psychoanalytische Konzepte im Lichte Der Gestalttheorie. Eine Analyse ausgewählter Abwehrmechanismen. *Gestalt Theory, 19*, 178-196.

Gallese, V. (2000). The Inner Sense of Action: Agency and Motor Presentations. *Journal of Consciousness Studies*, *7*, 10, 23-40.

Gallese, V. (2003). The Manifold Nature of Interpersonal Relations: The Quest for a Common Mechanism. *Philosoph. Trans. of the Royal. Soc. London B* (358), 517-528.

Gallese, V. (2005). Embodied Simulation: From Neurons to Phenomenal Experience. *Phenomenology and the Cognitive Sciences*, *4*, 23-48.

Galli, G. (1997). Beziehungen zwischen Lewins wissenschaftstheoretischen Begriffen und der Psychanalyse. *Gestalt Theory*, *19*, 80-88.

Galli, G. (2000). Die Feldstruktur der Hingabe und das psychische Gleichgewicht. *Gestalt Theory*, *22*, 63-70.

Gendlin, E. (1970). A Theory of Personality Change. En: J.T. Hart y T.M. Tomlissen (eds.), *New Directions in Client-Centered Therapy* (pp. 129-173). Boston: Houghton Mifflin.

Gendlin, E. (1974). Client-Centered and Experiential Psychotherapy. En: D.A. Wexler y L.N. Rice, *Innovations in Client-Centered Therapy* (pp. 211-246). Nueva York: Wiley.

Gendlin, E. (1992). The Primacy of the Body, Not the Primacy of Perception: How the Body Knows the Situation and Philosophy. Extracto de *Man and World*, *25* (3-4), 341-353.

Gibson, J. (1979). *The Ecological Approach to Visual Perception*. Boston-Houghton: Mifflin.

Gillie, M. (1999). Daniel Stern: A Developmental Theory for Gestalt. *The British Gestalt Journal*, *8*, 2, 107-117.

Giorgi, A. (1978). *Fenomenologie en de grondslagen van de psychologie*. Meppel: Boom.

Gold, M. (ed.) (1999). *The Complete Social Scientist: A Kurt Lewin Reader*. Washington: American Psychological Association.

Goldstein, K. (1935, 1995). *The Organism: A Holistic Approach to Biology, Derived from Pathological Data in Man*. Nueva York: Zone Books.

Goldstein, K. (1961). *La naturaleza humana a la luz de la psicopatología*. Buenos Aires: Paidós. ([1940, 1963]. *Human Nature in the Light of Psychopathology*. Nueva York: McGraw-Hill Book Company).

Goodman, P. (1971). *Speaking and Language*. Nueva York: Random House.

Gross, M. (2000). Das Leib-Seele-Problem in Sigmund Freuds Trieblehre aus gestalt-theoretischer Sicht. *Gestalt Theory*, *22*, 107-121.

Hall, R.A. (1976). A Schema of the Gestalt Concept of the Organismic Flow and Its Disturbance. En: E.W.L. Smith, *The Growing Edge of Gestalt Therapy* (pp. 53-57). Nueva York: Brunner/Mazel.

Heidegger, M. (1997). *Ser y tiempo*. trad. por Jorge Eduardo Rivera. Santiago de Chile: Editorial Universitaria; Madrid: Editorial Trotta, 2009 2ª ed.

Henle, M. (1961). On Field Forces. En: M. Henle (ed.), *Documents of Gestalt Psychology* (pp. 296-297). Berkeley/Los Ángeles: University of California Press.

Henle, M. (ed.) (1961). *Documents of Gestalt Psychology*. Berkeley/Los Ángeles: University of California Press.

Holdrege, C. (1998). Seeing the Animal Whole: The Example of the Horse and Lion. En: D. Seamon y A. Zajonc (eds.), *Goethe's Way of Science: A Phenomenology of Nature*. Albany, NY: State University of New York Press.

Holzman, L. (2004). What Is "Social" in "Social Development"? Presentado en la Conference of the Jean Piaget Society, Toronto (E-manuscript, s.p.).

Hornbostel, von E.M. (1927/1938). The Unity of the Senses. En: W.D. Ellis, *A Source Book of Gestalt Psychology* (pp. 210-216). Berkeley/Los Ángeles: University of California Press.

Hycner, R. (1995a). After/Words: The Spirit of Dialogue. En: R. Hycner y L. Jacobs (eds.), *The Healing Relationship in Gestalt Therapy: A Dialogic/Self Psychology Approach* (pp. 91-100). Highland, NY: Gestalt Journal Press.

Hycner, R. (1995b). Gestalt Therapy and Intersubjectivity Theory. En: R. Hycner y L. Jacobs (eds.), *The Healing Relationship in Gestalt Therapy: A Dialogic/Self Psychology Approach* (pp. 160-170). Highland, NY: Gestalt Journal Press.

Hycner, R. y Jacobs, L. (eds.) (1995). *The Healing Relationship in Gestalt Therapy: A Dialogic/Self Psychology Approach*. Highland, NY: Gestalt Journal Press.

Jacobs, L. (1995). Self-Psychology, Intersubjectivity Theory and Gestalt Therapy: A Dialogic Perspective. En: R. Hycner y L. Jacobs (eds.), *The Healing Relationship in Gestalt Therapy: A Dialogic/Self Psychology Approach* (pp. 129-158). Highland, NY: Gestalt Journal Press.

Jacobs, L. (2002). It's Not Easy To Be a Field-Theorist. *Gestalt E-Journal*, *6*, 2 (s.p.). Gestalt Global Cooperation.

Jacobs, L. (2003). Differing Views on Implications of a Relational Self. *International Gestalt Journal, 26*, 137-148.

Janse de Jonge, A.L. (1956). *De Mens in zijn verhoudingen. Hoofdstukken uit de phaenomenologische psychologie*. Nijkerk: Bijleveld.

Kebeck, G. (1983). Feldtheorie als Methodologie. Überlegungen zur Nützlichkeit Lewinscher Grundgedanken für die Allgemeine Psychologie und die Methodenlehre. *Gestalt Theory, 5*, 247-265.

Kebeck, G. y Sader, M. (1984). Phänomenologisch-experimentelle Methodenlehre. Ein gestalttheoretisch orientierter Versuch der Explikation und Weiterführung. *Gestalt Theory, 6*, 193-245.

Kennedy, D. (2003). The Phenomenal World. *The British Gestalt Journal, 12*, 2, 76-87.

Kennedy, D. (2004). Perception and Awareness: A Reply to Yontef. *The British Gestalt Journal, 13*, 2, 120-125.

Kennedy, D. (2005). The Lived Body. *The British Gestalt Journal, 14*, 2, 109-117.

Kepner, J.I. (2002). *Proceso corporal: un enfoque gestalt para el trabajo corporal*. Madrid: Diaz de Santos. ([1993]. *Body Process: Working with the Body in Psychotherapy*. San Francisco: Jossey-Bass).

Kepner, J.I. (2003). The Embodied Field. *The British Gestalt Journal, 12*, 1, 6-14.

Koffka, K. (1915/1938). Zur Grundlegung der Wahrnehmungspsychologie. Eine Auseinanderzetzung mit V. Benussi. *Zeitschrift für Psychologie, 73*, 11-90. Traducción al inglés en: W.D. Ellis (ed.), *A Source Book of Gestalt Psychology*, pp. 371-378.

Koffka, K. (1928). On the Structure of the Unconscious. En: *The Unconscious: A Symposium*. Nueva York: Alfred A. Knopf.

Koffka, K. (1973). *Principios de psicología de la forma*. Buenos Aires: Paidós. ([1935]. *Principles of Gestalt Psychology*. Nueva York: Harcourt, Brace & Co.).

Köhler, W. (1922/1938). Some Gestalt Problems. En: W.D. Ellis (ed.), *A Source Book of Gestalt Psychology* (pp. 55-70). Highland, NY: Gestalt Journal Press.

Köhler, W. (1930/1971). Human Perception. En: M. Henle (ed.), *The Selected Papers of Wolfgang Köhler* (pp. 142-164). Nueva York: Liveright.

Köhler, W. (1938). *The Place of Value in a World of Facts*. Nueva York: Liveright.

Köhler, W. (1947). *Gestalt Psychology: An Introduction to New Concepts in Modern Psychology* (ed. rev.). Nueva York: Liveright.

Köhler, W. (1959). *Dynamics in Psychology*. Londres: Faber and Faber.

Köhler, W. (1959/1961). Gestalt Psychology Today. En: M. Henle (ed.), *Documents of Gestalt Psychology* (pp. 1-15). Berkeley/Los Ángeles: University of California Press.

Köhler, W. (1996). *Psicología de la forma*. Madrid: Biblioteca Nueva. ([1929]. *Gestalt Psychology*. Highland, NY: Liveright).

Kriz, J. (1997). On Chaos and Order. *Gestalt Theory*, Vol. 19, 197-212.

Kriz, J. (2006). *Self-Actualization*. Norderstedt: Books on command.

Lambrechts, G. (2004). *De Gestalttherapie. Tussen toen en straks*. Berchem: Epo.

Lee, R.G. (2002). Ethics: A Gestalt of Values/The Values of Gestalt. A Next Step. *Gestalt Review*, *6*, 27-51.

Lemma, A. (1996). *Introduction to Pathology*. Londres: Sage Publications.

Levine, S.K. (2002). Chaos and Order: Rudolph Arnheim's Gestalt Psychology of Art. *Gestalt Theory*, *24*, 4 (266-282).

Levy, E. (1943, 1997). Some Aspects of the Schizophrenic Formal Disturbance of Thought. *Psychiatry*, *6* (1943), 55-69. Traducido al alemán (1997) por G. Stemberger en *Gestalt Theory*, Vol. 19 (1), 27-50.

Lewin, K. (1917). Kriegslandschaft. *Zeitschrift für Angewandte Psychologie*, *12*, 440-447.

Lewin, K. (1926, 1938). Will and Needs. En: W.D. Ellis (ed.), *A Source Book of Gestalt Psychology* (pp. 283-299).

Lewin, K. (1926/1999). Intention, Will and Need. En: M. Gold (ed.), *The Complete Social Scientist: A Kurt Lewin Reader* (pp. 83-115). Washington: American Psychological Association.

Lewin, K. (1928/1999). Two Fundamental Life Processes. En: M. Gold (ed.), *The Complete Social Scientist: A Kurt Lewin Reader* (pp. 117-136). Washington: American Psychological Association.

Lewin, K. (1936). *Principles of Topological Psychology*. Nueva York: Mc Graw-Hill.

Lewin, K. (1973]. *Dinámica de la personalidad: selección de artículos*. Madrid: Morata. ([1935]. *A Dynamic Theory of Personality: Selected Papers*. Nueva York: Mc Graw-Hill).

Lewin, K. (1988). *La teoría del campo en la ciencia social*. Barcelona: Paidós Ibérica. ([1952]. *Field Theory in Social Science: Selected Theoretical Papers*. Londres: Tavistock Publications).

Lewin. K. (1933/35). Theorie des Schwachsinns (publicado en 1933 en Bélgica). Traducción al inglés: A Dynamic Theory of the Feeble-Minded. En: K. Lewin (1935), *A Dynamic Theory of Personality* (pp. 194-238). Nueva York: Mc Graw-Hill.

Luchins, A.S. (1948). The Role of the Social Field. *J. Consult. Psychol., 1948, 12,* 417-425.

Luchins, A.S. y Luchins, E.H. (1978). *Revisiting Wertheimer's Seminars. Vol. 1. Value, Social Influences, and Power. Vol. 2. Problems in Social Psychology.* Londres: Associated University Presses.

Luijpen, W. (1967). *Fenomenología existencial.* Buenos Aires: Carlos Lohlé. ([1961]. *Existëntiële fenomenologie.* Utrecht-Antwerpen: Aulaboeken).

Malfait, R. y Wollants, G. (2005). Het lichaam als leidraad. *Tijdschrift voor Gestalttherapie, 12,* 16-34.

Marrow, A.J. (1969). *The Practical Theorist: The Life and Work of Kurt Lewin.* Nueva York: Basic Books.

McConville, M. (2003). Lewinian Field Theory, Adolescent Development. *Gestalt Review, 7,* 3, 213-238.

McConville, M. (2009). *Adolescencia: el self emergente y la psicoterapia.* Madrid: Sociedad de Cultura Valle-Inclán. ([1995]. *Adolescence: Psychotherapy and the Emergent Self.* San Francisco: Jossey-Bass).

Mechsner, F. (2003). Gestalt Factors in Human Movement Coordination. *Gestalt Theory, 25,* 4, 225-245.

Mehrgardt, M. (1977). Erkenntnistheorie und Gestalttherapie. Teil III. *Gestalttherapie, 11,* 26-42.

Merleau-Ponty, M. (1970). *Lo visible y lo invisible. Seguido de notas de trabajo.* Barcelona: Seix Barral. ([1964]. *Le visible et l'invisible.* París: Gallimard). ([1964/1968]. *The Visible and the Invisible.* Evanston: Northwestern University Press).

Merleau-Ponty, M. (1975). *La fenomenología de la percepción.* Barcelona: Península. ([1945]. *La phénoménologie de la perception.* París: Gallimard). ([1962]. *The Phenomenology of Perception.* Londres: Routledge & Kegan Paul).

Metzger, W. (1928). Certain Implications in the Concept of Gestalt. *American Journal of Psychology, 40,* 1928, 162-166.

Metzger, W. (1941/2001). *Psychologie. Die Entwicklung ihrer Grundannahmen seit der Einführung des Experiments*. Dresden/Leipzig: Steinkopff (1ª ed., 1941). Viena: Krammer Verlag (6ª ed., 2001).

Metzger, W. (1954). Grundbegriffe der Gestaltpsychologie. En: W. Metzger (1986), *Ausgewählte Werke aus den Jahren 1950 bis 1982* (pp. 124-133). Fráncfort del Meno: Verlag Waldemar Kramer.

Metzger, W. (1962). *Schöpferische Freiheit*. Fráncfort del Meno: Verlag Waldemar Kramer.

Metzger, W. (1976/1986). Psychologie zwischen Natur und Geisteswissenschaften. En: W. Metzger, *Gestalt-Psychologie. Ausgewählte Werke aus den Jahren 1950 bis 1982* (pp. 83-95).

Metzger, W. (1986). *Gestalt-Psychologie. Ausgewählte Werke aus den Jahren 1950 bis 1982*. Fráncfort del Meno: Verlag Waldemar Kramer.

Miller, M. (2001). The Speaking Body. (Or Why Did Wilhelm Reich Go Crazy). *The Gestalt Journal, 24,* 11-29.

Minkowski, E. (1973). *El tiempo vivido: estudios fenomenológicos y psicológicos*. México: Fondo de Cultura Económica. ([1933/1968]. *Le temps vécu*. París: D'Artrey).

Nuttin, J. (1953). *Tâche, réussite et échec. Théorie de la conduite humaine*. Lovaina: Publications Universitaires.

Nuttin, J. (1955). Consciousness, Behavior, and Personality. *Psychological Review, 62*, 5, 349-355.

Nuttin, J. (1973). *La estructura de la personalidad*. Buenos Aires: Kapelusz. ([1965]. *La structure de la personalité*. París: Presses Universitaires de France).

Nuttin, J. (1964). The Future Time Perspective in Human Motivation and Learning. *Acta Psychologica, 23*, 60-82.

Parlett, M. (1991). Reflections on Field Theory. *The British Gestalt Journal, 1*, 69-81.

Parlett, M. (1993). Towards a More Lewinian Gestalt Therapy. *The British Gestalt Journal, 2*, 115-120.

Parlett, M. (1995). *Field Theory in Action* (E-document).

Parlett, M. (1997). The Unified Field in Practice. *Gestalt Review, 1*, 16-33.

Parlett, M. (2005). Contemporary Gestalt Therapy: Field Theory. En: A.L. Woldt y S.M. Toma (eds.), *Gestalt Therapy: History, Theory and Practice* (pp. 41-64). Londres: Sage Publications.

Perls, F. (1974). *Sueños y existencia: terapia gestáltica.* Santiago, Chile: Cuatro Vientos. ([1969]. *Gestalt Therapy Verbatim.* Moab, UT: Real People Press).

Perls, F. (1976). *El enfoque gestalt y testigos de terapia.* Santiago, Chile: Cuatro Vientos). ([1973]. *Gestalt Approach & Eye Witness to Therapy.* Nueva York: Science and Behavior Books).

Perls, F. (1998). The Manipulator: A Session of Gestalt Therapy with Dr. Frederick Perls and Group. *The Gestalt Journal, 21*, 1998, 75-90.

Perls, F. (2007). *Yo, hambre y agresión.* Madrid: Sociedad de Cultura Valle-Inclán. ([1947, 1969]. *Ego, Hunger and Aggression.* Nueva York: Vintage Books).

Perls, F., Hefferline, R. y Goodman, P. (2006). *Terapia gestalt: excitación y crecimiento de la personalidad humana.* El Ferrol: Sociedad de Cultura Valle-Inclán. ([1951/1994]. *Gestalt Therapy: Excitement and Growth in the Human Personality.* Highland, NY: Gestalt Journal Press).

Perls, L. (1992). *Living at the Boundary.* Highland, NY: Gestalt Journal Press.

Perls, L., Kitzler, R. y Stern, E.M. (1992b). A Trialogue between Laura Perls, Richard Kitzler and E. Mark Stern. En: E. Smith (ed.), *Gestalt Voices* (pp. 18-32). Norwood: Ablex Publishing Corporation.

Plaum, E. (1989). Psychodiagnostik in der Tradition der Lewin-Schule. *Gestalt Theory, 11*, 2, 122-155.

Robine, J.-M. (1991). Contact: The First Experience. *The Gestalt Journal, 14,* 45-50.

Robine, J.-M. (1996). L'awareness: connaisance immediate et implicite du champ. *Cahiers de Gestalt Therapie*, Vol. 0.

Robine, J.-M. (2003). "I Am Me and My Circumstance". Jean-Marie Robine entrevistado por Richard Wallstein. *The British Gestalt Journal, 12*, 49-55.

Robine, J.-M. (2003a). Intentionality in Flesh and Blood: Toward a Psychopathology of Fore-Contacting. *International Gestalt Journal, 14,* n° 2, 85-110.

Roth, G. (1985). Die Selbstreferentialität des Gehirns und die Prinzipien der Gestaltwahrnehmung. *Gestalt Theory*, *7*, 228-244.

Ruh, M. (1999). Diagnosis in Gestalt Theoretical Psychotherapy. *Studies in Gestalt Therapy*, n° 8, 192-194.

Schulte, H. (1924/1938/1986). Versuch einer Theorie der paranoischen Eigenbeziehung und Wahnbildung. *Psychologische Forschung, 5,* 1-23. Reeditado en G. Stemberger (ed.) (2002), *Psychische Störungen im Ich-Welt-Verhältnis* (pp. 27-48). Traducción resumida al inglés: "An Approach to a Gestalt Theory of Paranoiac Phenomena". En: W.D. Ellis (ed.) (1938/1997), *A Source Book of Gestalt Psychology*, pp. 362-369. Traducción completa al inglés, con introducción y comentarios: E. Levy (1986), A Gestalt Theory of Paranoia. *Gestalt Theory, 8*, pp. 230-255.

Sinico, M. (2003). On the Foundations of Experimental Phenomenology. *Gestalt Theory, 25*, 111-129.

Smuts, J.C. (1926/1996). *Holism and Evolution*. Highland, NY: Gestalt Journal Press.

Sonesson, G. (2006). From the Meaning of Embodiment to the Embodiment of Meaning: A Study in Phenomenological Semiotic. En: T. Zimke, J. Zlatev y R. Frank (eds.), *Body, Language and Mind*, Vol. 1: *Embodiment*. Berlín: Mouton.

Spagnuolo-Lobb, M. (2001). The Theory of Self in Gestalt Therapy. En: M. Spagnuolo-Lobb y N. Amendt-Lyon (eds.) (2003), *Creative License: The Art of Gestalt Therapy*. Fráncfort del Meno; Viena; Nueva York: Springer Verlag.

Staemmler, F.-M. (1997). Towards a Theory of Regressive Processes in Gestalt Therapy. *The Gestalt Journal, 20*, 2, 1997, 49-120.

Steinkopff, J. (1979). Semantische Betrachtungen zum Begriff Gestalt. *Gestalt Theory, 1*, 9-18.

Stemberger, G. (1998). Zur Kritik einiger theoretischer Annahmen und Konstrukte in der Gestalt-Therapie. *Gestalt Theory*, Vol. 20, 283-309.

Stemberger, G. (2005). Diagnostik-Leitlinie und Gestalttherapeutische Psychotherapie. *DAGP/OeAGP-Informationen, 14*, i-viii.

Stemberger, G. (ed.) (2002). *Psychische Störungen im Ich-Welt-Verhältnis. Gestalttheorie und psychotherapeutische Krankheitlehre*. Viena: Krammer Verlag.

Stern, W. (1930). *Psychology of Early Childhood*. Nueva York: Holt.

Stoehr, T. (1998). *Aquí, ahora y lo que viene: Paul Goodman y la psicoterapia gestalt en tiempos de crisis mundial*. Santiago, Chile: Cuatro Vientos. ([1994]. *Here, Now, Next: Paul Goodman and the Origins of Gestalt Therapy*. San Francisco: Josey Bass Publishers).

Straus, E. (1930). *Geschehnis und Erlebnis*. Berlín: Springer.

Szasz, T.S. (2013). *El mito de la enfermedad mental*. Madrid: Amorrortu. ([1974]. *The Myth of Mental Illness*. Nueva York: Harper & Row).

Thomas, B. (1999). Reflections on the Role of Psychological Theory in Psychotherapy. *Gestalt Review, 3* (2), 130-146.

Van Dantzig, A. (1990). *Psychotherapy. Een vak apart.* Meppel: Boom.

Van den Berg, J.H. (1955). *The Phenomenological Approach to Psychiatry: An Introduction to Recent Phenomenological Psychopathology.* Springfield, IL: Charles Thomas.

Van den Berg, J.H. (1972). *A Different Existence: Principles of Phenomenological Psychopathology.* Pittsburgh: Duquesne University Press.

Van den Berg, J.H. y Linschoten, J. (1953). *Persoon en wereld. Bijdragen tot de phaenomenologische psychologie.* Utrecht: Bijleveld.

Van Dusen, W. (1965/1975). Invoking the Actual. *Journal of Individual Psychology, 21*, 1, 66-76. Reeditado en J. Stevens (ed.), *Gestalt Is* (pp. 75-86). Moab, UT: Real People Press. ([1975]. *Esto es gestalt.* Santiago, Chile: Cuatro Vientos).

Van Dusen, W. (1977). *La profundidad natural en el hombre.* Santiago, Chile: Cuatro Vientos. ([1972]. *The Natural Depth in Man.* Nueva York: Harper & Row).

Van Praag, D. (1998). *Gestalttherapie. Veld en existentie.* Maarssen: Elsevier-De Tijdstroom.

Varela, F.J., Thompson, E. y Rosch, E. (eds.) (2005). *De cuerpo presente: las ciencias cognitivas y la experiencia humana.* Barcelona: Gedisa. ([1991]. *The Embodied Mind: Cognitive Science and Human Experience.* Boston: MIT Press).

Verstegen, I. (2005). Mona Lisa's Smile: The Place of Experimental Phenomenology within Gestalt Theory. *Gestalt Theory, 27*, 2, 91-106.

Von Uexküll, J. (1921). *Umwelt und Innenwelt der Tiere.* Berlín; Heidelberg: Springer.

Vygotsky, L.S. (2012). *El desarrollo de los procesos mentales superiores.* Barcelona: Planeta. ([1978]. *Mind in Society: The Development of Higher Psychological Processes.* Cambridge, MA: Harvard University Press).

Waelhens, A. de (1951). *Une philosophie de l'ambiguïté. L'existentialisme de Maurice Merleau-Ponty.* Lovaina: Publications Universitaires.

Walker, J.L. (1971). *Body and Soul: Gestalt Therapy and Religious Experience.* Nueva York: Abingdon Press.

Walter, H.-J. (1985). *Gestalttheorie und Psychotherapie.* Opladen: Westdeutscher Verlag.

Walter, H.-J. (1990). What Do Gestalt Therapy and Gestalt Theory Have to Do With Each Other? *Gestalt Journal, 20*, 1, 45-68.

Walter, H.-J. (1996). *Angewandte Gestalttheorie in Psychotherapie and Psychohygiene*. Opladen: Westdeutscher Verlag.

Wertheimer, M. (1912). Experimentelle Studien über das Sehen von Bewegung. *Zeitschrift für Psychologie, 61*, 121-265.

Wertheimer, M. (1922a/1938). The General Theoretical Situation. En: W.D. Ellis (ed.), *A Source Book of Gestalt Psychology* (pp. 12-16). Highland, Nueva York: Gestalt Journal Press.

Wertheimer, M. (1922b/1938). Laws of Organization in Perceptual Forms. En: W.D. Ellis (ed.), *A Source Book of Gestalt Psychology* (pp. 71-88). Highland, Nueva York: Gestalt Journal Press.

Wertheimer, M. (1925/1938). Gestalt Theory. En: W.D. Ellis (ed.), *A Source Book of Gestalt Psychology* (pp. 1-11). Reedición 1997. Highland, Nueva York: Gestalt Journal Press.

Wertheimer, M. (1927/1991). Gestaltpsychologische Forschung. *Gestalt Theory, 13*, 49-55.

Wertheimer, M. (1935/1961). Some Problems in the Theory of Ethics. En: M. Henle (ed.), *Documents of Gestalt Psychology* (pp. 29-41). Berkeley/Los Ángeles: University of California Press.

Wertheimer, M. (1991). *El pensamiento productivo.* Barcelona; Buenos Aires; México: Paidós. ([1945, 1959]. *Productive Thinking.* Nueva York: Harper).

Wheeler, G. (1991). *Gestalt Reconsidered: A New Approach to Contact and Resistance*. Nueva York: Gardner Press.

Wheeler, G. (1996). Self and Shame. En R.G. Lee y G. Wheeler, *The Voice of Shame* (pp. 23-58). San Francisco: Jossey-Bass Publishers.

Wheeler, G. (1998). Towards a Gestalt Developmental Model. *The British Gestalt Journal, 7*, 125-135.

Wheeler, G. (2000b). Self and Shame: A Gestalt Approach. *Gestalt Review, 4*, 221-244.

Wheeler, G. (2003). Contact and Creativity. En: M. Spagnuolo-Lobb y N. Amendt-Lyon (eds.), *Creative License: The Art of Gestalt Therapy* (pp. 163-178). Fráncfort del Meno; Viena; Nueva York: Springer Verlag.

Wheeler, G. (2005). *Vergüenza y soledad: el legado del individualismo*. Santiago, Chile: Cuatro Vientos. ([2000a]. *Beyond Individualism: Toward a New Understanding of Self, Relationship and Experience*. Hillsdale, New Jersey: The Analytic Press).

Woldt, A.L. y Toman, S.M. (eds.) (1998). *Gestalt Therapy: History, Theory and Practice* (pp. 41-64). Londres: Sage Publications.

Wollants, G. (1984). The Significance of Sickness. *Gestalt Theory*, *6*, 288-308.

Wollants, G. (1988). *Diagnostiek vanuit een fenomenologische-hermeneutische benadering*. Turnhout: Faculteit voor Mens en Samenenleving, pro manuscrito.

Wollants, G. (1994). Gestaltgroepstherapie. *Tijdschrift voor Gestalttherapie*, *1*, 5-25.

Wollants, G. (1998). Psychopathologie: pathologie van het wisselwerkendveld. Gestalt-theoretische achtergronden. *Tijdschrift voor Gestalttherapie*, *5*, 3-14.

Wollants, G. y Missiaen, C. (2000a). Gloria. Aspecten van experiëntiële procesbevordering. *Tijdschrift voor Gestalttherapie*, *7*, 5-18.

Wollants, G., Missiaen, C., Gundrum, M. y Lietaer, G. (2000b). Gloria-Perls, onder experiëntiëel vergrootglas. *Tijdschrift voor Gestalttherapie*, *7*, 47-75.

Yontef, G. (1995). *Proceso y diálogo en psicoterapia gestáltica*. Santiago, Chile: Cuatro Vientos. ([1993]. *Awareness Dialogue & Process: Essays on Gestalt Therapy*. Highland, NY: Gestalt Journal Press).

Yontef, G. (1996). Shame and Guilt in Gestalt Therapy: Theory and Practice. En: R.G. Lee y G. Wheeler (eds.), *The Voice of Shame* (pp. 351-380). San Francisco: Jossey-Bass Publishers.

Zinker, J. (2009). *El proceso creativo en la terapia guestáltica*. México: Paidós. ([1977]. *Creative Process in Gestalt Therapy*. Nueva York: Vintage Books).

Índice analítico

Impreso y encuadernado
en Santiago de Chile por
Dimacofi Negocios Avanzados S.A.
en agosto de 2016.

www.ingramcontent.com/pod-product-compliance
Lightning Source LLC
LaVergne TN
LVHW062353051026
849517LV00017B/2676
9789562421331